管理職になったら読む本

吉原俊一

Discover
ディスカヴァー

はじめに

本書は、若いベンチャー企業や中小企業など、比較的少人数の会社で、管理職になったばかりのみなさん、あるいはチームリーダーや将来の幹部候補生であるみなさんが、自分をどのように成長させ、どのような役割を果たしたらよいのかを、私の長年のリーダー研修実践の経験からお伝えするものです。

ここでは、この本を読むにあたって特に心に留めておいていただきたい点を述べておきます。

❶変化の激しい時代だからこそ、変化しない「基軸」を身につける

今、世の中は大きく変化しつつあります。環境問題、エネルギー問題、ＩＴ・ＯＡの普及浸透、グローバル化、価値観の多様化、高齢化、家族問題などなど、あげればきりがありません。

こうした世の中の変化は緩やかに起こります。そして緩やかな状況の変化は気づきづらいものなのです。10年経って振り返れば、変化していたことがよくわかります。しかし、管理職といわれる人は、今起こっている変化を的確につかみ、それに対してアクションを先取りすることが求められます。

ここが、まず最初に管理職といわれるみなさんのおさえるべき重要なところではないかと思うのです。

すると、管理職はしっかりアンテナを張って、今どんな変化が起こっているのかをつかむことが非常に重要だと思うかもしれません。ところが、私の尊敬する経営学者P・ドラッカーは、このような変化の激しい時代で重要なことは、変化しないものに着目することだと言っています。

時代が大きく変わっても変化しないものとは何でしょう。ドラッカーは、マネジメントの発明者ともいわれます。そのマネジメントの基本と原則は変化しないと彼は語っています。確かに、スポーツにおける基本、仕事の基本、人間関係をうまく行う基本は時代が大きく変わっても、さほど変わりません。

ドラッカーは、変化の激しい時代にあっては、基本と原則をマスターしなさいと言いました。基本を身につけることで、管理職として縦横に活躍できるということでしょう。

私は、その基本と原則を「基軸」と言います。そしてリーダーとしての自分を磨いていくことを「基軸づくり」と言っています。リーダーには基軸づくりが必要なのです。

❷管理職の役割を考える

ここで、管理職の役割について考えてみましょう。「管理職」と「役割」に分けて考えてみると整理がつけやすいかもしれません。

まず、管理職とは何でしょうか。管理職の定義として私がよく使うのは、「管理職とは、部下・関係者を通じて、自分の意図を実現する人」というものです。

ここでのポイントの1つ目は、管理職とは人を動かして仕事をする人であるということです。そこで、「リーダーシップ」と「動機付け」の必要性が出てきます。

2つ目に、自分の意図を実現するために、自分の思いと周囲の期待が重要だということです。

3つ目に、管理職は管理の専門家であるということです。すなわち、管理のサイクルPDCAをしっかり回せることが大切になります。


では役割について考えてみましょう。役割とは「周囲の人から自分に寄せられる期待の総和である」と私は定義しています。

するとと自分の役割を果たすためには、相手からの期待を明確にする必要があるということになります。期待というものを明確にとらえるのは難しいことですが、だからこそ明確にする努力が必要になります。

自分の役割について、じっくり考えなければなりません。自分を大きくとらえると、大きな役割が出てきます。自分を小さくとらえると、小さな役割が出てきます。「役割の創造」という言葉がありますが、役割をどうとらえるかということは、自分の成長にもつながります。

私が行う研修の中で管理職の役割を考えてもらったときに出た例を紹介します。なるほどと思わせられました。10項目ほど、あげておきます。

- トップ方針（上司方針）を実践する
- 設定された目標に従い実行計画を立て、その目標の完全達成をはかる
- 戦略的な意思決定に参画する
- 問題を探求し、創造し、その解決をはかる
- よいコミュニケーションをつくる
- 協力的な組織を形成し、機能させる
- 部下全員のやる気を高める
- 仕事の基本の定着指導をする
- 部下を育成する
- 組織風土（土壌）の形成をはかる

常に、自分が今どのような役割を求められているのかを基本にすえる必要があります。

❸リーダーとは？　リーダーシップとは？

次に管理職が発揮すべきリーダーシップについて触れておきます。

この本のタイトルは『管理職になったら読む本』ですが、本の中では、あるときは管理職と書き、あるときはリーダーと書いています。

厳密に使い分けているわけではありませんが、強いて言えば、一般的に「リーダー」というと、社長などの経営者から数人のチームのリーダーまで含まれるので、どの階層のリーダーにも通じる事柄を述べるとき、この本ではリーダーという言葉を使うことが多いとお考えください。

そして管理職やリーダーが仕事の中で行う言動がリーダーシップです。

リーダーシップの定義は、人によりさまざまですが、私はそれを「言動によって人に与えるプラスの影響力である」ととらえています。またリーダーはリーダーシップを発揮する人ですから「言動によってプラスの影響力を与える人」ととらえています。

リーダーシップ＝影響力と定義する人も少なくないのですが、私は、その影響力はプラスのものであってほしい、周囲の人たちにどのような働きかけをするかということが大切だと考えます。

また、社会人ともなると、「あいつはリーダーシップがある、あいつはない」と、生まれつき、あるいは「性格」のような言い方をされがちです。しかし私は、「リーダーシップという能力は、後天的な経験学習を通じて磨くことが可能である」と、研修を通じて、多くのリーダー予備軍を見てきた中で、確信を持って言えます。

リーダーシップは、経営層といわれる一握りの幹部だけに必要とされるものではありません。中間管理職や中堅社員一人ひとりにまで必要とされるものです。

さらに言うなら、リーダーシップの発揮は、すべての人にとっての大きな課題であると考えています。しかしその開発が十分に行われているかというと、まだまだ途上にあると認めざるを得ないのが現状でしょう。

私たち一人ひとりが、リーダーシップについての理解を深めることに加えて、リーダーとしていかに成長するか、さらには、次のリーダーを育てるためのリーダーシップの開発の問題がますます重要になってきているのです。

❹リーダーシップの行動とは？

では、開発すべきリーダーシップとは、具体的にどのような行動となって表れるのでしょうか？

これについては、「リーダーの条件」とか「リーダーとして身につけるべき○○のこと」などのテーマで、古今東西の哲人から、学者、コンサルタントまで、じつに多くの人がさまざまに述べ、書籍に著しています。

当然のことながら重複することも多いとは思いつつも、中小企業のリーダー育成の現場から、そのポイントを挙げると、次の項目になります。

- 自分の役割を考えること
- 目標を設定すること
- キャリア的視点からリーダーシップを磨くこと
- コミュニケーション能力を磨くこと
- 問題解決能力を磨くこと
- 専門能力を磨くこと

- よき仕事経験を積み上げること
- 人的ネットワークを構築すること
- よき行動は習慣化すること
- 自分を知ること
- 人間力を磨くこと

すべての基盤となるのが、「人間力」です。これらについては、章を改めてお話しします。

❺ある中小企業の社長が教えてくれたこと

以下は、私が経営顧問をさせていただいている建設業界の中小企業の社長が話してくれたことです。リーダーの成長、人の育成ということについて非常に感銘を受けたので紹介させていただきます。現場の社長ならではの経験を踏まえた確信に満ちたお話には、私自身がたいへん学ばせていただきました。

リーダーをいかに育成するかといったときに、その前にいかに人並みの社員にするかが、まず第一の課題になってくる。建設業界自体が人材のレベルが低いと感じる。だから大手の企業でも同じかもしれないが、**社会人の基本を教える**ところから始めなければならない。

＊＊＊

人を育てるための第一歩として、**職場のみんなが中途で入る人も含めた新人に対して関心を持つ**ことだ。その新人のところに降りていく。新人と同じ目線に立って声をかけてあげる。これは母親的な対応だと思う。そうすると今度は新人が居場所を見つける。ここにいていいいんだという気持ちが出てくる。

何年も何年も新人が入るたびにそんなことを言い続けて、最近はようやく**職場全体が、新人への接し方を意識できる**ようになってきたんじゃないかな。

以前は、職場が新人を突き放していた。その中でのし上がってきた人が、一人前になっていくようなところがあった。だから辞めていった人が、数えきれないほどいる。もったいないことだ。以前は、それが当たり前で自分たちもそうやって今に至っているので、よくわからなかった。

どんな人にでもいえることは、人ともまれていくうちにパワーが出てくるということだ。そうやって人は伸びてくる。私はそう考えている。そんなパワーをいかに引き出すかだよ。しかしいつまでもパワーが出てこない人がいるのも事実。そこが頭の痛いところだね。**人は必ず成長する**と信じてやらないとね。

こちらとしては、**社員が自分の世界・仕事がつくれる環境をどうやって提供するか**を考え実行している。

学生のときに何か一生懸命にやったことがある人はまだいい。何にもやってない人は、人にもまれてないし、一生懸命やったこともないし、何を考えているかわからないので、うまく適応できない人もいる。**心に火をつける**のが大変だ。どうやってやる気にするかだ。中小企業の経営は、ある意味**若者を育てる社会貢献**でもあると思って、使命感を持ってやっているよ。

社長が一人で見られない規模になったときに、**リーダーの必要な組織をつくる**んだ。人の育成も必要になる。人の育成ができない組織だと、人はなかなか増えないし、辞めていく。人を増やそうとするときは、人の質を上げていかないとなかなか人は増えない。

その後に、かなめとなるリーダーが必要になってくる。肩書だけのリーダーではだめだ。リーダーとは言わない。日常業務を回すことはできるが、それではマネジメントしているとは言わない。

私は、**日々の稼ぎのことも考えながら、将来のことも考える人をリーダーと言う。**組織を成長させていくために、どんなことをやらなければならないのかという将来のことを考えながら、今の業務にも対応する。そんな人がリーダーだ。

＊＊＊

この本の章立て

第1章は、「問題解決の基本」についてです。問題解決は、どのような仕事をするにおいても基本となることです。管理職として仕事をするうえにおいても、まず理解していただきたいということで、最初に置きました。

第2章は「コミュニケーションの基本」です。効果的にリーダーシップを発揮して仕事をするには、人とうまく関わることが必要になってきます。そこでコミュニケーションについて大切なことを学んでいただきます。

第3章は、「部下育成の基本」です。職場として、チームとして大きな成果を出していくためには、職場・チームのメンバーの能力をいかに発揮してもらうかが重要です。そこで育成ということが大きな課題になるのです。

第4章は、「リーダーシップを磨く11の視点」です。「はじめに」から第3章までの基本を学んでいただいたところで、管理職・リーダーとして持ちたい11の視点をまとめました。

最後の第5章は「リーダーが知っておきたい理論」です。管理職・リーダーとして知っておいてほしい理論をできるだけわかりやすくまとめました。ここを理解していただくことで、管理職としての考え方に厚みが出てくると思います。

以上のような章立てになっていますが、各章のどこから読んでいただいてもかまいません。関心のあるところからお読みください。

本書が、あなたがリーダーとして成長することのお役に立てれば幸いです。

管理職になったら読む本

目次

第3章 部下育成の基本

第4章 リーダーシップを磨く11の視点

第5章 リーダーが知っておきたい理論

第1章

問題解決の基本

ビジネスとは、そもそも「問題解決」です。人々や、社会の顕在する、あるいは、潜在的な課題、問題に解を与える商品やサービスを生み出し、提供するものです。そして、実際の仕事の場も、小さなことから大きなことまで、問題解決の連続です。

ことに、数世紀に一度ともいわれる時代の変化のただ中にある今、その変化に適応して企業が成長していくためには、若手リーダーの問題解決力が大いに問われることになります。

これから、リーダーが必ず学ぶべき基本的な問題解決の考え方と技法をお話ししますが、その前に、「はじめに」でも紹介したドラッカーの教えを再度ご紹介しておきたいと思います。

それは、変化に着目するのではなく、**変化しないものに着目しろ**というものです。

確かに世の中は、大きく変化しています。しかし変化しないものもあるのです。たとえば、「思いやりの心」です。世の中が変化しても「思いやりの心」が大切であることに変わりはありません。「マネジメントの基本」もそうでしょう。

あらゆる仕事の基本は、世の中が変わってもそう変わることがありません。このように変化の激しい時代にこそ、仕事の基本や人間関係の基本を大切にし、磨き、自分という人間の基軸にすること、そしてその基軸をもって、変化に対応することです。

1 リーダーに求められる問題解決の領域

仕事の能力は、大きく次の3つでとらえると、わかりやすくなります。

1つ目は、専門能力です。その仕事をするにあたってのその領域特有の知識と技能です。

2つ目に、対人関係能力です。リーダーシップも含めたコミュニケーション能力です。

3つ目に、問題解決能力です。具体的な問題を解決することから、大きな戦略を策定したりすることまであります。

一方、リーダーの役割行動を、「仕事の側面」と「人間の側面」の2つに分けてとらえる、リーダーシップ行動論の考え方があります。

それからもう1つ。仕事を「維持管理」と「改善・改革」に分けるとらえ方もあります。

「維持管理」とは、日常業務の品質を落とさずに回すことです。自分の所属する業界のどこの会社でもやれる品質のレベルを「当たり前品質」といいます。この当たり前品質を維持管理することともいえます。この当たり前品質を下げるということは、会社の業績に関わる致命傷になりかねません。

一方、「改善・改革」とは、今の仕事の水準を上げることをいいます。改善とは、今の仕事のやり方を徐々に変えて品質を上げることです。改革とは、今の仕事のやり方を今とは全く違うものに変えて、品質を飛躍的に上げることです。

業界のどこの会社も持っていない「魅力品質」をいかにつくるかが、会社の成長にはとても大切なところです。

左の図のように、この2つの軸（仕事の側面と人間の側面・維持管理と改善・改革）で4つの領域ができます。リーダーの役割は、この4つに整理することができます。

①は、仕事の側面の日常業務管理。日常の業務を標準や基準に基づいて、ミスやトラブルなく運営して、年度の目標を達成することです。

人間の側面の②の人的管理は、部下や後輩がトラブルなく、安心して仕事に専念できるような環境づくりをして、職場の人間関係を維持・向上することです。

	維持管理（当たり前品質）	改善・改革（魅力品質）
仕事の側面	①〈日常業務管理〉 日常業務を標準に基づき、ミス・トラブルなく運営し、短期（だいたい年度単位）の目標を達成すること	③〈業務改革〉 担当業務を新しい発想と方法によって変え、新しい利益を自己の部門から生み出すこと
人間の側面	②〈人的管理〉 部下・後輩がトラブルなく、安心して仕事に専念できる環境づくりと人間関係を維持・向上すること	④〈人的改革〉 部門内のものの考え方や行動の仕方を大きく変えたり、有用な中核メンバーの育成などによって組織風土に変革をもたらすこと
	日常業務における問題解決	**将来を見据えた問題解決**

次が、仕事の側面の③の業務改革です。担当業務を新しい発想と方法によって変えていきます。そして新しい利益を自分の職場から生み出せるようにします。

そして最後が、人間の側面の④の人的改革です。部門内のものの考え方や行動の仕方を大きく変えたり、有用な中核メンバーの育成などによって組織風土に変革をもたらすことです。意識改革とか風土改革ともいわれます。

図にもあるように、①と②は、いわば、「日常業務における問題解決」で、③と④が、「将来を見据えた問題解決」です。

①や②の領域は会社の土台をつくるうえで欠かせない重要な領域です。しかし、会社の成長

にとっても、部下の成長にとっても、自分自身の成長にとっても、若手リーダーのときから、どれだけ③や④の領域に時間をさけるかも重要なところです。

管理職になったら、①や②の領域をできるだけ部下に任せたり、仕組み化することで、③や④に割ける時間を拡大していくことが大切です。

ただし基本姿勢として、部下や後輩に任せる改善とリーダー自らやる改善の区別は、置かれた状況の中でよく考える必要があります。

また、部下や後輩に任せても、任せっぱなしではなく、側面的な援助は必要ですし、結果責任はリーダーにあることは言うまでもありません。

2 問題解決に必要な12の視点

❶そもそも問題とは何か？

「問題とはなんですか?」と聞かれたら何と答えますか?

管理職研修で「みなさんの職場の問題は何ですか」と聞くと、「特にありません」と答える方がいらっしゃいますが、私が紹介する問題の定義からすると、これは認識不足と言わざるを得ません。

その定義とは、**「問題とは、あるべき姿と現状の姿の差」**というものです。

リーダーはこの問題の定義を常に頭に入れておく必要があります。

どんな超一流の企業・組織においても問題はある、ということです。そして、リーダーは常に自分の中に、自分の仕事のあるべき姿を描いておく必要があります。

そして、あるべき姿と現状の姿の「差」は、「問題」ですが、**解決しようとするときに「課題」となります。**

❷2つの問題と2つの問題解決

問題を次の2つに分けてとらえる方法があります。**「復元的問題」**と**「革新的問題」**です。

「復元的問題」とは、今までの仕事の水準と、何らかの原因で落ちてしまった現状の水準に差がある状況をいいます。どちらかというと悪くなった状況を問題といっています。

仕事においては起こしてはならない問題です。たとえば、ベテランの先輩がやっていた仕事を、後輩に引き継いだときにいろいろなミスが発生してトラブルが続いてしまったようなときの問題です。

このように下がった水準を元に戻す、見える問題を解決するような問題解決を**「問題発生型問題解決」**といいます。

次に**「革新的問題」**ですが、**今の仕事の水準をさらに高い水準に高めたときの今の水準と高い水準の差**を問題とするものです。

これは、現在の水準をさらに高めてよい水準にすることですから、大いに起こすべき問題ともいえます。たとえば、今まで人が手作業で紙の伝票を使ってやっていた仕分け作業を、機械化して自動仕分けのシステムにしたようなケースです。無人化で大幅に生産性が向上して、仕分けミスもなくなりました。

このように現状の仕事の水準をさらに高い水準に高める問題解決を**「機会開発型問題解決」**といいます。

よく問題は与えられるものではなく、創り出すものだといいますが、「機会開発型問題解決」とは、問題を創り出して行った問題解決です。画期的な商品・サービスというのは、この問題解決から生まれます。代表的なものでは、「ソニーのウォークマン」や「コンビニエンスストア」や「宅配便」などが挙げられるのではないでしょうか。

❸問題意識を持つ

私たちはよく「問題意識」という言葉を使います。「あの人は問題意識が足りないんだよなあ」というような使い方ですが、私は「問題意識」を、**「あるべき姿と現実の姿の差を認識し、あるべき姿に現実の姿を近づけようとすること」**と定義しています。

この定義にもあるように、問題意識には、2つの意味が含まれています。1つは、「問題を認識しよう」ということ、もう1つは、「問題を解決しよう」ということです。会社や職場のあら探しに終わることなく、どうすればその問題を解決できるのかを考えるということです。

リーダーには、まずは問題を把握できること、さらに把握した問題を解決できることがとても重要なのです。

❹改善はまず自責の問題から取り組む

改善は、**まず自分たちで解決できる問題から取り組む**、これが鉄則です。手の届く範囲の問題からということです。最初から大きな問題に取り組もうとすると、挫折することがよくあります。自分たちの問題解決の力を確認しながら、進めます。

「自責の問題」ともいいます。自分の職場で解決する必要のある問題のことです。他の職場で解決する必要のある問題は、「他責の問題」といいます。

❺ベストよりベターを狙う

職場の中に改善意識を醸成しようとするときには、「現状より少しでもよくなるならいいじゃないか、やってみよう!」というところから始めたほうがうまくいく確率は高くなります。「60点主義」という言い方もします。ベストとは完璧を狙うことですから、精神的につらくなる人もいます。ベターであれば、メンバーの前向きな協力が得られやすいのです。

❻重点指向

重点指向とは、**「改善効果の大きい、より重要な問題に着目する」**という考え方です。

職場には、いろいろな問題がありますが、それらには、解決の優先順位をつけることができます。

よく知られているのが、たとえば、緊急度の高低と重要度(影響度)の高低で問題を4つに分けてみる方法です。そうすると緊急度が高くて、重要度(影響度)も高い領域の問題が最も優先順位が高くなります。

工場などで不良品の増加が問題になっているときは、どの工程での発生率が一番高いかを調べ、その工程の改善をまず行うのも、重点指向ということです。

私たちが使える時間も資源も限られていますから、総花的にあれもこれもやるよりは、重点的に解決する問題を取り上げて解決すれば、同じ改善努力でも効果は大きいのです。

❼事実による管理（ファクト・コントロール）

事実に基づいたデータで、ものを言うことが大切です。これを「ファクト・コントロール」といいます。日本語では、「事実による管理」と呼びます。

仕事においては、**いろいろな判断をできるだけ事実に基づいて行う**ことが大切です。

現場や現物をよく観察する、ということについては、「三直三現」という言葉があります。「直ちに現場に行く、直ちに現物を調べる、直ちに現時点での手を打つ」ことをいいます。事実をつかむためには、まず、**現場や現物をよく観察する**ことが重要なのです。

そして、**正しいデータをとる**ことです。

データのとり方が恣意的で偏ったものになっていることや出典が曖昧な不正確なものであることは、よくあります。データの読み方が正しくない場合もあります。リーダーには、データを正しく読む力が必要とされるのです。

❽プロセス・コントロール

仕事の結果は、仕事のやり方や仕組みから生じます。そこで、結果ばかりを追うのではなく、仕事のやり方や仕組みというプロセスに着目して、このプロセスを管理し、仕事のやり方や仕組みを改善しようという考え方が、「プロセス・コントロール」です。

製造業の工場においては、「品質は工程でつくり込め」という考え方がありますが、これは工場だけでなく、すべての仕事においてもいえることです。

❾消費者指向

お客様である消費者が望む、喜んで買ってくれる製品・サービスをつくっていこうという考え方で、「マーケットイン」ともいいます。この考え方の根本には、「常に相手の立場に立って考える思いやり」ということがあります。

また同じような考え方ですが、とても大切な考え方として、「後工程はお客様」という言葉もあります。企業内の全部門・全社員が、自分の仕事の結果を渡す相手、つまり後工程に満足してもらい、喜んで受け入れてもらえるようにすることです。そうすると結果として、全社員の仕事のベクトルがお客様のほうを向くようになるとされます。仕事には「他者中心」（相手の視点でものを見る）ということを中心にすえることが必要です。

⑩標準化

企業が目標達成を目指して活動するためには、組織の中の各部門や各職場の役割や仕事のやり方を明確に決める必要があります。そして決められたやり方に従って仕事を行えば、だれでもその役割が果たせるように、具体的に見えるように書いておく必要があります。これが「標準化」といわれるものです。

たとえば、Aさん、Bさん、Cさんの3人が同じ仕事を行うのであれば、それぞれバラバラなやり方で行うのではなく、その時点で最も優れた方法を標準として定めて、それに沿って仕事を進めるという考え方です。標準をつくり、守り、生かしてゆくということが大切です。

マニュアル人間をつくるとか、仕事を画一的にすると批判する人もいますが、むしろ、**標準化できることは標準化することで、創造的な仕事に、多くの時間とエネルギーを振り向けることにつながるのです。**

⓫バラツキと層別

データは必ずばらつきます。そのデータのバラツキに着目し、何らかの目安によって、いくつかのグループに分類して、データを分析できるようにすることを「層別」といいます。たとえば、販売店を売り上げ規模で大・中・小に層別して、拡販余地の大きい層を見つけ出すということができます。また営業担当者を業績別に層別して、営業活動のやり方の違いに着眼するということも可能です。以上のように、層別して、差や違いの大きなところに着目することが、問題解決につながります。

⑫源流管理

仕事の仕組みの源流または上流にさかのぼって原因を掘り下げて、トラブル発生のポイントになる箇所を明らかにし、管理していくことを「源流管理」といいます。

たとえば、工場では、不良品が発生することがあります。しかし不良品が発生してから対策を考えるよりも、初めから不良品が発生しない仕組みにするほうが優れていることは言うまでもありません。前述の「層別」によって、トラブル発生が集中している工程を見つけ、そもそもその工程をなくしてしまって成功した事例もあります。

検査部門をいくら充実させても、製造工程の管理が十分でないと、工程の不良率は下がらないということです。また製品の設計にミスがあればやはり不良品は減りません。このように不良品をつくらないようにするためには、製造工程、さらには、設計段階の品質の管理が非常に重要なのです。

以上問題解決に必要な基本的な考え方を紹介しました。リーダーは、常に問題解決が求められます。ということは、今紹介したような視点を持つ必要があるということです。

3 問題解決のステップ

問題を解決するときの基本のステップは、おなじみ、PDCAサイクルです。「PLAN（計画する）」→「DO（実施する）」→「CHECK（確認する）」→「ACTION（処置する）」のサイクルを回すことです。

これは日常の業務を回すときにも必要ですし、改善・改革を行うときにも必要です。一人ひとりの日々の仕事の中においても、職場・部門・全社の一年の仕事の方針を達成すべく回していくときにも、必要です。

あまりにもよく知られているものですが、かといって、それを完璧に回すことができている職場はというと、案外少ないものです。

ここでは、このPDCAのサイクルをさらに細かい9つのステップに分ける方法をご紹介します。このほうが、ステップがより明確で進めやすいと思います。

PLAN

STEP1　問題の選定

重要度、緊急度、効果性、実現の可能性の観点から解決すべき問題を選定します。結果が定量的につかめるテーマ、自分たちで解決できる問題とすることです。

STEP2　現状の把握

事実を集めて現状を分析します。このとき、前述の「層別」の考え方を使って、大きな差のあるところを見つけるのがポイントです。またグラフなどを活用して、データを見えるようにすることも大切です。

STEP3　目標の設定

目標は定量的に確認できるものであることが重要です。定量的に表せないような定性的な目標の場合、たとえば、職場の満足度などは、アンケートを使って、5段階で把握するといった「代用特性」を活用します。

STEP4　原因の解析

「現状の把握」でつかんだ事実が、なぜ発生しているのかを確認する段階です。ここでもデータの「バラッキ」を「層別」してグラフを使って確認したりします。また定性的な原因については、原因解析の手法、たとえば「特性要因図」などを使って把握します。特性要因図については41ページで紹介します。このステップでは、原因候補をいくつかに絞り込みます。

STEP5　対策の立案

チームメンバーの「ブレーン・ストーミング」でいろいろのアイデアを出して代替案をいくつも考えること。最終的には、5W1H（いつ・どこで・誰が・何を・なぜ・どのように）で具体的にします。

DO

STEP6　改善案の実施

対策を実施します。新しいやり方を実施するにあたっては、メンバーへの改善案の説明や教育・訓練が必要になってくることがあります。また実施の進捗状況の把握も必要です。さらに対策案を実施するときに、お客様や他部門に悪い影響、いわゆる「副作用」が出ないかを確認することも重要です。

CHECK

STEP7 効果の確認

「有形効果」と「無形効果」について把握します。「有形効果」とは定量的に把握できるもの、「無形効果」とは、定性的に把握できるものです。

たとえば、職場のチームワークがよくなったなどというのは、無形効果ですが、STEP3で紹介したような「代用特性」を使うと効果が見えやすくなります。

また改善案の実施途中においても効果を確認しておくと、どの改善案が効果的だったのかが把握できます。

ACTION

STEP8　標準化と定着

標準化は、だれがやっても同じようにできるようにすることです。標準書とか手順書など作業のマニュアルを作成します。

そしてそのマニュアルに書かれたやり方がしっかりやられているかをチェック点検できるような仕組みにします。それが管理の定着です。

ここでは、何らかの原因で通常とは違う状態になったときの対応も決めておく必要があります。

STEP9　振り返りと今後の活動

チームとして行ってきた場合は、活動の進め方をみなで振り返ります。そしてよかったことは、次の活動に継続し、まずかったところは次の活動ではどうするのかを検討します。いずれにしろ、ＰＤＣＡサイクルは、常に回し続けることが大切です。

4 問題解決に役立つ手法

問題を解決するときに、役立つ手法があります。データを分析して問題解決に役立つ「道具」です。データには数字で表された数値データと言葉で表された言語データがありますが、それらのデータを正しく分析する手法です。

リーダーはこのような手法を問題解決の中で効果的に活用することも大切なことです。

今では、問題解決の手法というと、ロジックツリーなど、マッキンゼーやボスコンが開発したさまざまな手法がよく知られていますが、日本の製造業が、世界で品質No.1として活躍できたのは、品質管理、いわゆるQC（QUALITY CONTROL）活動によってです。これからご紹介するのは、そのQC活動で活用されている「QC7つ道具」と「新QC7つ道具」と呼ばれる問題解決の手法です。今でも、多くの製造業や小売業の現場で用いられています。

QCというと、もう古いという声がありますが、それは違うと思います。古いというより、基本中の基本として、リーダーが身につける必要のある考え方と手法であるといったほうがいいかもしれません。リーダーが必ず知っておかなければならない「常識」だということです。

QC7つ道具

①パレート図

現象別や原因別に層別したデータをとり、発生件数の多い順に棒グラフで、累積件数を折れ線グラフで表した図です。

②特性要因図

仕事の結果（特性といいます）に影響を与える原因をさかのぼって整理し、それを関係付けた図です。言語データを整理する手法です。

③グラフ

データを見やすく整理するには、グラフ化するのが定石です。いろいろなグラフがありますので、用途に応じて使い分けます。

④チェックシート

現状を把握するときに項目別にデータを収集したり、対策を実施するときに実行すべきことを確認するために使用します。点検用と記録用の2種類があります。

⑤ヒストグラム

データをいくつかの区間に分けて、区間ごとのデータを集めて、棒グラフで表します。データの分布状況を把握するときに使用します。

⑥散布図

2つの項目のデータの相関関係を点の分布で表すグラフのことです。

⑦層別

データの特徴によって、データをグループに分けることです。手法というよりも考え方だと思いますが、7つ道具の中に入っています。

これらの手法は、問題解決のステップの中で、用途に応じて活用します。たとえば問題を発見するときには、グラフを使って問題を見えやすくします。

問題がどんな原因で発生しているかを分析するには、言語データであれば、特性要因図を使います。数値データであればパレート図やヒストグラムを使います。

また対策を実施した後に効果を確認するのであれば、パレート図や散布図を使うといった具合です。

新QC7つ道具

「QC7つ道具」は、製造の現場で使用されることが多い手法です。これに対し、数値解析より言語データを扱うことの多い部門などで使われることが多い手法として、「新QC7つ道具」というものもあります。

①親和図法(KJ法)

2 要因の洗い出し 特性要因図

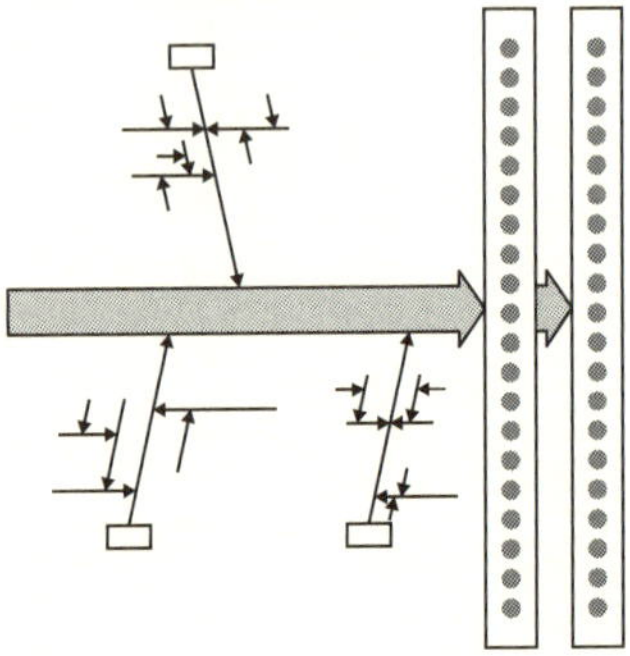

3 見えないことも絵を見てわかる グラフ

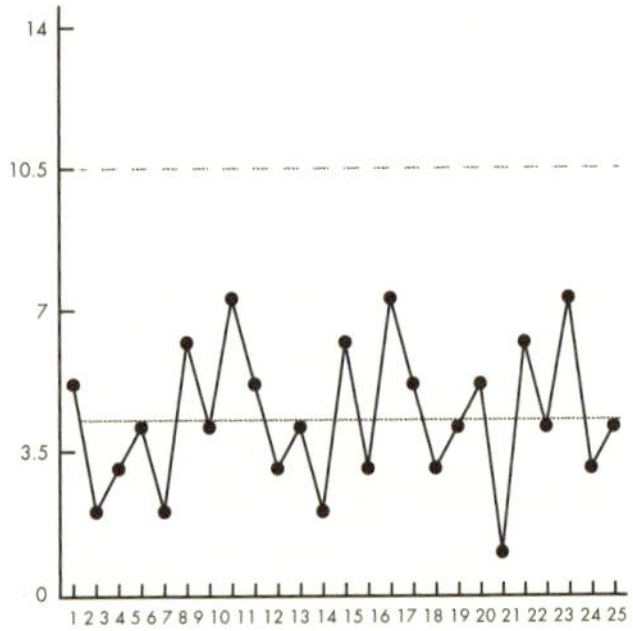

6 関係がつかめる 散布図

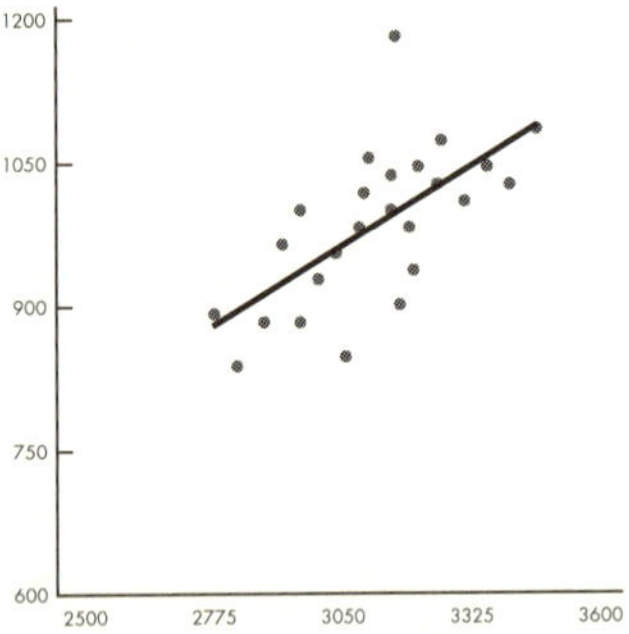

7 問題のクセをさぐる 層別

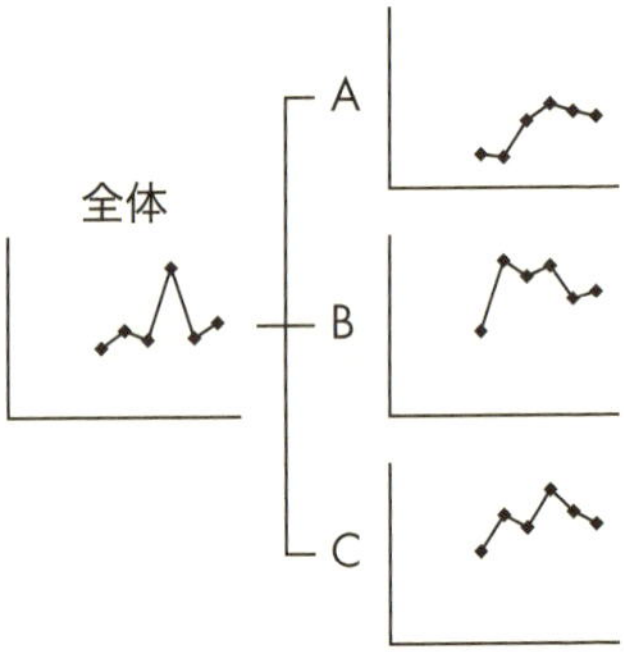

QC7つ道具（略称Q7）

1 重点問題の発見 パレート図

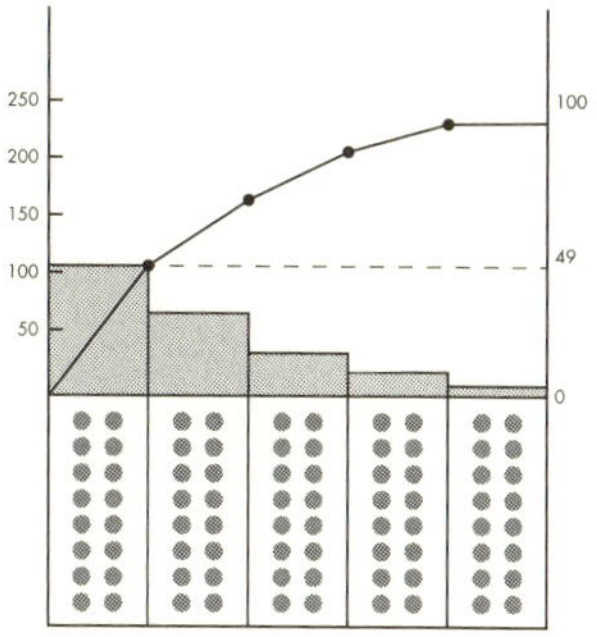

4 現場の調査に チェックシート

	月		火		水		木		金		土	
	午前	午後	午前	午後	午前	午後	午前	午後	午前	午後	午前	午後
A												
B												
C												
D												

5 バラツキを知ろう ヒストグラム

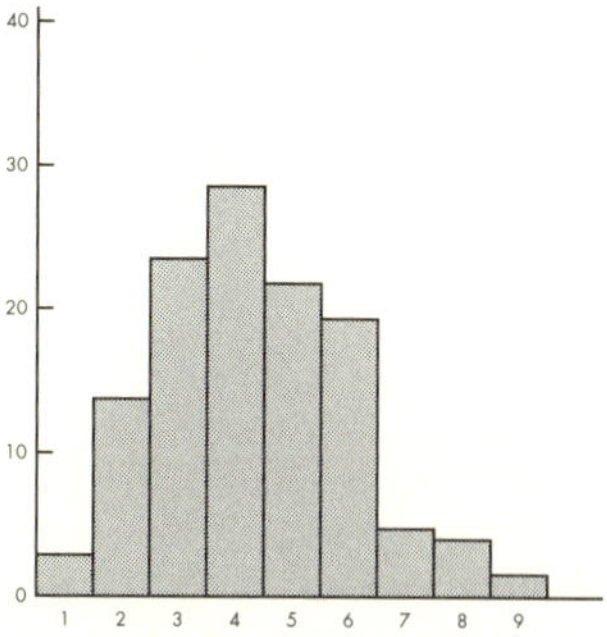

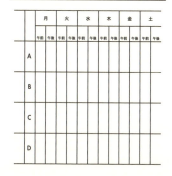

「親和図法」とは、言語データを相互の親和性で整理分類して、体系化する方法です。親和性で分類して解決すべき問題の所在を明らかにするところがポイントです。開発者の川喜田二郎氏の頭文字をとって「ＫＪ法」とも呼ばれます。

②連関図法

複雑な要因の絡み合う問題について、その因果関係を論理的に明らかにすることにより、問題の適切な解決策を見つけ出す方法です。

③系統図法

目的を達成するために手段が選ばれ、その手段を達成するためにさらに下位レベルの手段が必要になってきます。この考え方を生かして目的・目標を達成するために必要な手段を論理的に展開させていく図が系統図法です。

④マトリックス図法

「系統図」で展開した手段を実行するかしないかの評価をしたり、役割分担や納期などの対応関係をわかりやすく表示する方法です。

⑤アローダイヤグラム法

実行する作業が絡み合って複雑化しているときに、計画した作業の順番や日程の関係をネットワークで表したものです。

⑥PDPC法

PDPCはProcess Decision Program Chartの略で、「過程決定計画図」ともいいます。事態の進展とともに、いろいろな結果が予想される問題について、望ましい結果に至るプロセスを定める方法です。研究開発や営業活動で使用されます。

⑦マトリックスデータ解析法

2つ以上のデータを解析することで、傾向が一目でわかるようにする方法です。多変量解析の主成分分析のことで、「新QC7つ道具」の中で、唯一数値データを扱います。

以上「QC7つ道具」と「新QC7つ道具」を簡単に紹介しました。これらの手法

2 因果関係の整理と問題の共有化に 連関図法

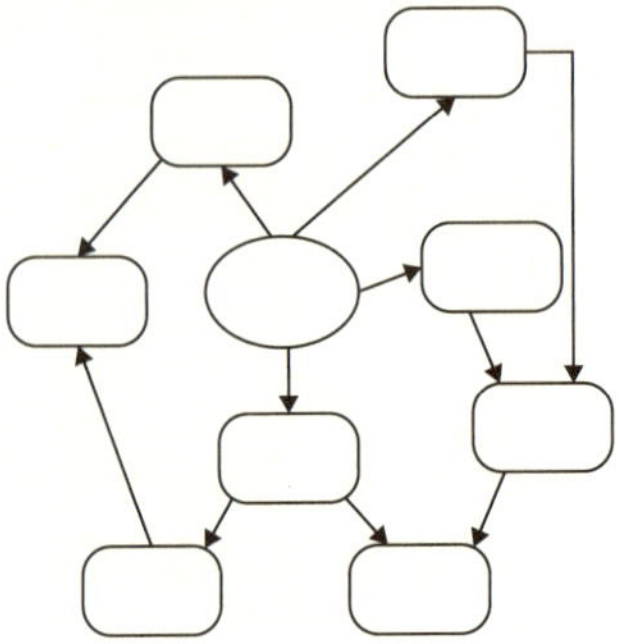

3 最適手段の追求に 系統図法

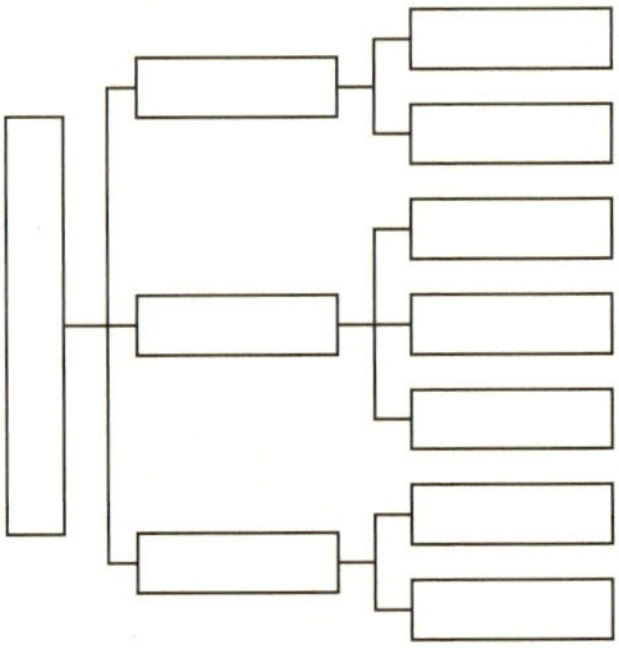

6 万が一の時の対応に PDPC法

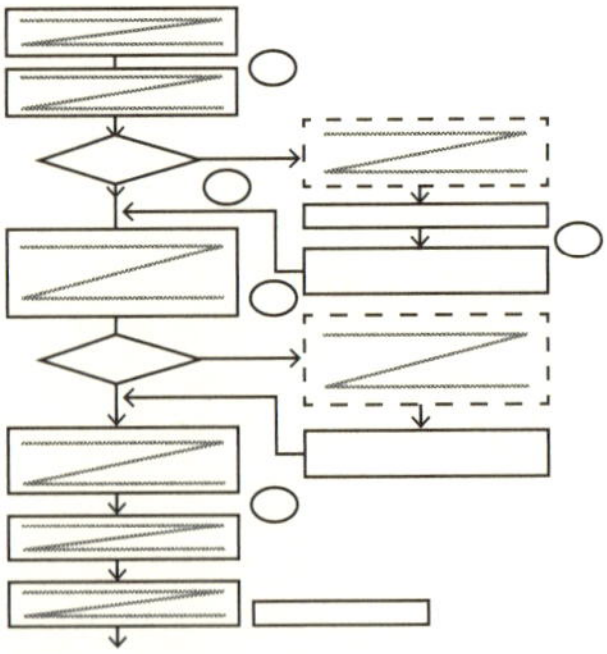

7 たくさんの複雑なデータから結論を出すのに マトリックスデータ解析法

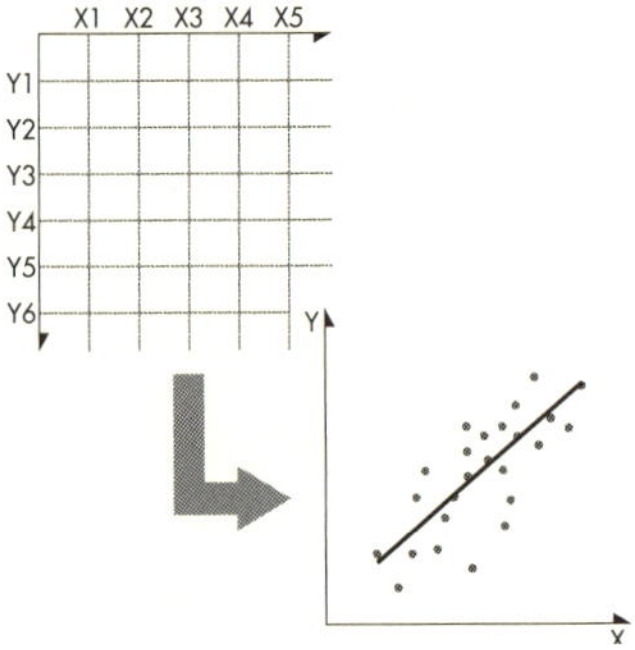

新 QC7つ道具（略称N7）

1 混沌とした時の整理に 親和図法

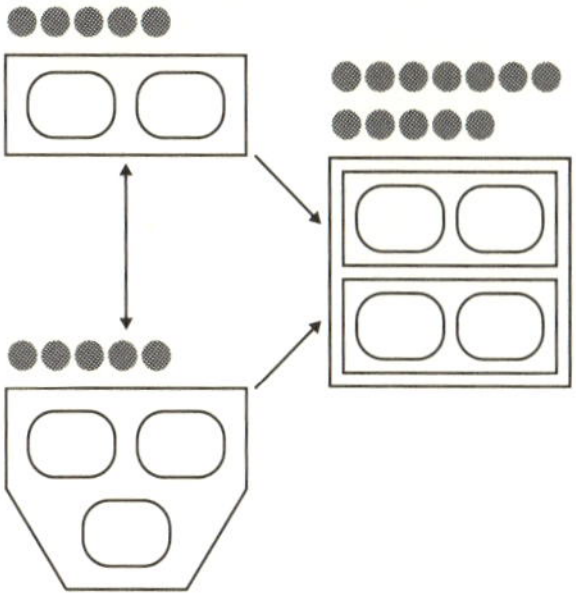

4 方策の評価、原因とのつながりの整理に マトリックス図法

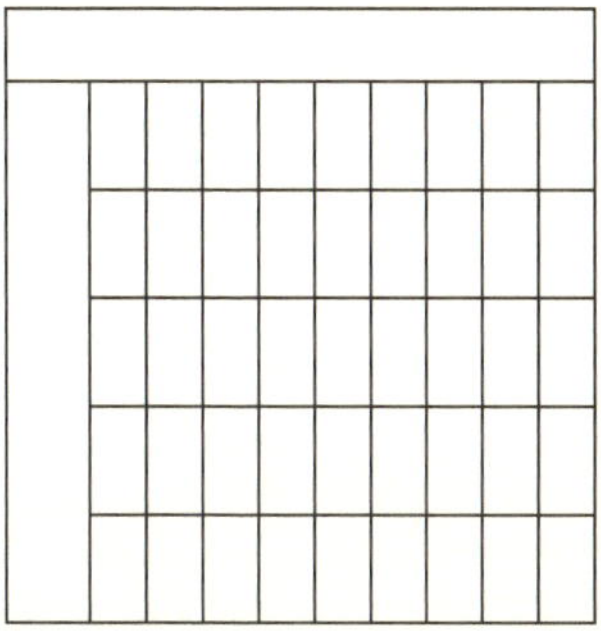

5 具体的な実行計画に アローダイヤグラム法

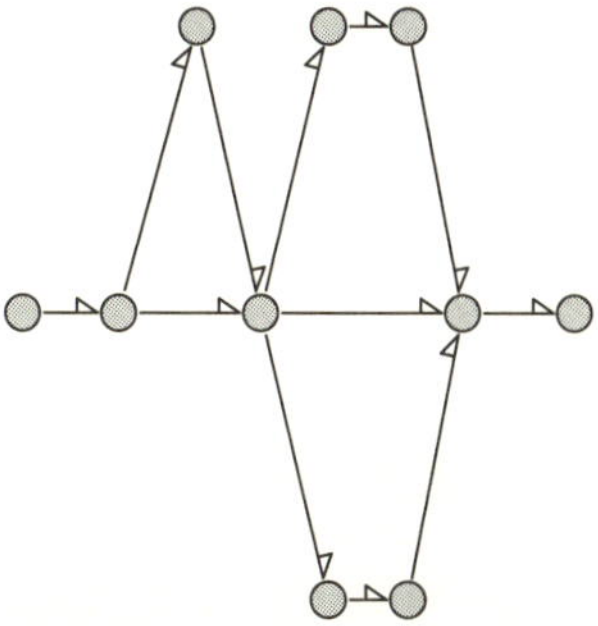

は、すべてをマスターするというより、「問題解決の基本的な考え方」「問題解決のステップ」を踏まえて、仕事の実践の中で意識して活用することが大切です。それを実践すれば、みなさんの問題解決能力は、確実にアップします。

最後にQC手法関連の参考文献を紹介しておきます。興味のある方はぜひお読みください。

『図解　基礎からわかる　QC七つ道具』市川享司著　ナツメ社
『図解入門ビジネスQC七つ道具がよ～くわかる本』今里健一郎著　秀和システム
『図解入門ビジネス新QC七つ道具の使い方がよ～くわかる本』今里健一郎著　秀和システム
『失敗しない改善の手順と手法　QCストーリーとQC七つ道具』内田治・吉富公彦著　日本能率マネジメント協会センター

第2章

コミュニケーションの基本

1 コミュニケーションとは何か

コミュニケーション能力は、リーダーにとって非常に大切な能力です。リーダーとして成果を出すには、関係者を巻き込んでいい関わりをつくりながら、心を合わせていく必要があります。

人間は社会的な動物だといわれます。人と関わりながら集団の中で生きている存在だということです。自分一人だけで生きているわけではないのです。

ということは、人間関係においてどれだけいい関わりを持てるかということは、私たちの人生にとって非常に重要な問題だということです。また自分の成長ということを考えると、どれだけいい関わりを持てるかということは、自分の成長に大きな影響を与えます。

私はコミュニケーション能力について、わかりやすく「人と関わる力」であると言っています。いかにコミュニケーション能力を磨くかということは、いかにいい関わりをつくるかということにつながります。そしてリーダーにとっての大きな課題の一つです。

それでは、私たちがよく使うコミュニケーションとは何かということから始めていきましょう。

❶よき人間関係をつくる道具

コミュニケーションとは、「よき人間関係をつくる道具」であるといわれます。道具と考えれば、その道具を使う基本を知って、練習すればうまく使えるようになるということです。基本を知って、意識して練習すればうまくなります。

コミュニケーション能力は、経験すれば、それなりに磨きがかかります。しかし基本を理解して意識すれば、もっと早く磨くことができますし、リーダーシップという影響力の輪を広げることができるのです。

❷コミュニケーションの意味

コミュニケーションとは、ラテン語からきている言葉です。ラテン語の「コミュニス（共通の）」と「コミュニカタス（他人と交換し合う）」という2つの言葉が合成されたようです。ですからコミュニケーションには、「共有性」と「やりとり」という2つの意味が含まれていることになります。

そこから考えると、コミュニケーション能力を磨くとは、共有しているものを大きくして大切にすることが1つ。また「やりとり」ということは、「伝える」ことと「聴く」ことですから、「伝える」機能と「聴く」機能を磨くことが重要だということになります。

以上のことから私は、コミュニケーションとは「言葉や言葉以外の態度や表情で、自分の考えや感情をやりとりする過程であり、相手と、考えや感情の共有性また信頼関係をつくりあげていくこと」というふうに定義しています。

❸ジョハリの窓

アメリカの心理学者ジョセフ・ルフトとハリー・インガムが発表した、コミュニケーションを理解するためのツールとして提唱された心理学モデルです。2人の名から「ジョハリの窓」と呼ばれています。

まず、人を1枚の大きな窓ととらえます。この窓は縦に2つに分かれます。左側は自分が知っている自分、右側は自分が知らない自分です。

さらに横に2つに分かれます。上側は他人が知っている自分です。下側は他人が知らない自分です。

こうして縦横の4つの領域ができます（次ページの図参照）。

ここで重要な考え方は、Ⅰの「開かれた窓」を広げることが、人間関係をよりよいものにし、コミュニケーション能力の向上やリーダーシップの発揮につながるということです。

「開かれた窓」を広げるためには、1つは、Ⅱの「隠された窓」を小さくすること、すなわち自己開示して自分のことをもっと周りの人たちに伝える必要があります。他人が知っている領域を広げるようにすることです。

		自分が	
		知っている	知らない
他人が	知っている	Ⅰ開かれた窓 (open self) 自分にも他人にもよくわかる窓で、この窓で関わるときにはお互いがよく理解でき、よいコミュニケーションがとれる領域です。	Ⅲ気づかない窓 (blind self) 自分ではわからないけれど、他人は知っている窓です。
	知らない	Ⅱ隠された窓 (hidden self) 自分は知っているけれど、他人は知らない窓です。意識的に隠していることもある領域です。	Ⅳ未知の窓 (unknown self) 自分も他人も知らない窓です。

もう1つは、Ⅲの「気づかない窓」を小さくすること、すなわち他人が自分について知っていることを伝えてもらう、フィードバックしてもらうということです。人の話をよく聴き、指摘は素直に受け入れることが大切です。

ですから人の成長をジョハリの窓でとらえて言うなら、自分の成長は、「開かれた窓」を広げるプロセスの中で起こるといえます。私は、人は気づきが多ければ多いほど成長すると考えています。気づきが出るような体験は、成長にとって非常に重要なことです。

また「開かれた窓」を広げるということは、伝える機能と聴く機能を磨くことでもあるということも知っておきたいところです。

❹効果的なコミュニケーションのポイント

効果的なコミュニケーションをとるうえで理解しておく必要のあることをいくつか紹介します。

●相手が主役である

コミュニケーションには、伝え手と受け手がいます。相手といい関係を築くためには、お互いに関心を持つ必要があります。そして相手に何かを伝えるためには、相手が受け取りやすいように伝える必要があります。受け取るかどうかの決定権は受け手にありということです。

よくコミュニケーションをキャッチボールにたとえることがあります。プロのピッチャーが投げるような球を子供に投げても子供は受け取れません。受け取れるように投げる必要があるのです。

またボールが返ってきたときには、どこに返ってきても受け取れる柔軟性も必要です。そうすることでキャッチボールは続きます。すなわちコミュニケーションのやりとりが続くのです。

●言葉の限界

言葉ですべては表現できません。また心のすべてを伝えることもできません。伝えたいことをいつも伝えたいように表現できるかといったらそんなことはありません。

●伝えたことは相手の受け取り方で変わる

人は頭の中に自分のフィルターを持っています。その自分のフィルターを通して、伝えられたことを理解しようとします。しかも人それぞれ理解の枠組みは違います。人の数だけ違った理解の枠組みがあるといってもいいでしょう。

このことを前提にしないと、自分はちゃんと伝えたのに聞いてもらえなかったということになりかねません。ですからコミュニケーションとは、やりとりする中で誤解やずれを調整するプロセスだということもできます。

●言葉以外も重要

コミュニケーションというと、言葉のコミュニケーションだけかと思われる方もいるかもしれませんが、コミュニケーションには、言葉のコミュニケーションと言葉以外のコミュニケーションの2つがあります。

言葉によるコミュニケーションをバーバル・コミュニケーション、言葉以外のコミュニケーションをノンバーバル・コミュニケーションといいます。ノンバーバル・コミュニケーションとは、態度や表情、身振りや声のトーンなどのことです。

コミュニケーションの中で、ノンバーバル・コミュニケーションの占める割合は意外に高いのです。ですからノンバーバル・コミュニケーションを大切にすることがコミュニケーション能力を磨く重要なポイントの一つになります。

「顔色をうかがう」とか「目は口ほどにものを言う」という言葉は、ノンバーバル・コミュニケーションのことを言っています。人が話すときに、相手が話し手の言葉そのものから得られる情報よりもノンバーバルな、態度や表情や声のトーンなどから得られる情報のほうが意外に印象に残ることを意味しています。

コミュニケーション能力の高い人は一般的に、話の中身とは別にノンバーバル・コミュニケーションの力も持っているといわれます。

以上のようなことを理解しておくだけでも、コミュニケーションのとり方が違ってきます。相手といい関係をつくろうとするなら、コミュニケーションの基本を理解しておくことは大切です。

2 動機付けと職場の活性化に大切な「ストローク」

❶ストロークとは何か

ストロークとは、日本語に訳しにくい言葉です。スポーツの世界では、ゴルフやテニス、水泳でも使います。辞書には、「ひと打ち、ひとかき、ひとこぎ」などと訳されています。しかし辞書にはもう一つ別の意味もあります。「なでる、さする」です。日本ではそのままストロークといっていますが、ここでは「相手の存在を認めるための働きかけ」と定義しておきます。

ストロークは、肉体的なストロークと心理的なストロークに分けることができます。

●肉体的ストローク

小さな子供に対して、頭をなでたり、抱きしめたり、頬にキスをしたり、大人でしたら、握手したり、肩をたたいたりということをします。

これらのストロークは、肉体的に接触するものなので、肉体的ストロークまたはタッチストロークといいます。

●心理的ストローク

ほめたり、励ましたり、微笑んだり、うなずいたりするストロークを心理的ストロークといいます。心の触れ合いによるストロークです。

以上のように、ストロークには肉体的ストロークと心理的ストロークがありますが、さらにそれらのストロークには、肯定的なプラスのストロークと否定的なマイナスのストロークがあります。

いずれにしてもストロークとはあくまでもその存在や価値が認められることが前提ですが、その存在や価値が無視されたり、低く見られたりすると、「ディスカウント」ということになってしまいます。

	相手の存在や価値を認める働きかけ		相手の存在や価値を軽視したり無視したりする
	肯定的なストローク	否定的なストローク	ディスカウント
肉体的ストローク（肌のふれあい）	なでる・さする・抱く・キスする・ほほずり・手をつなぐ・手を握る・握手・スクラムをくむ	叩く	殴る・打つ・蹴る・髪をひっぱる・つねる・しばりつける・押す・投げ飛ばす・おさえる
心理的ストローク（心のふれあい）	ほめる・勇気づける・励ます・微笑む・うなずく・挨拶する・信頼する・聴く	叱る・注意・忠告・反対する	皮肉・いやみ・にらむ・けなす・おせっかい・嘲笑・冷笑・目をそらす・顔をしかめる
	※やる気・元気・意欲がわいてくる	※相手のためを思ってやる辛口のストローク	※全く無いよりましだが、不愉快になる

ディスカウントとは、日本語で「値引き」、「割引」さらには「無視」という意味があります。殴る、蹴る、怒鳴る、けなす、無視などは、ディスカウントの典型です。

ただし、プラスのストロークかマイナスのストロークか、ディスカウントかは相手が決めることです。たとえば信頼関係のある上司と部下の間で、上司が、「お前なんかやめちまえ！」と部下に言っても、二人の関係性の中で、部下はそれを上司の愛情表現と取るかもしれません。それならばマイナスのストロークになります。しかし信頼関係が二人の中にない場合、それはディスカウントになるかもしれません。

人間はだれでも、自分の存在を認められたい、人とふれあいたいという欲求を持っています。むしろ、それなしに生きてゆくことはとても困難なことです。ですからストロークは人間が生きてゆくための基本的な前提といえるでしょう。

❷動機付け要因としてのストローク

アメリカの心理学者フレデリック・ハーズバーグは、人事労務管理の領域において、「二要因理論」という考え方を提唱しました。二要因とは、「衛生要因」と「動機付け要因」です。

福利厚生、給与、処遇、作業条件、同僚との人間関係、会社の方針、上司のあり方などのような仕事をするための外的な条件は、不満を予防するだけの歯止めの役しか果たさないと考え、これを衛生要因と名付けました。衛生要因に対する配慮が不十分だと不満の原因になりますが、どんなに十分配慮しても不満がなくなるだけで、それ以上に積極的にやる気を促進させることはできないとしました。

動機付け要因は、仕事へのやる気を増大させる促進要因で、仕事そのものに関連しています。動機付け要因は、ないからといって、すぐに不満の出るものではありませんが、あればあるほど仕事に前向きになる要素が含まれています。
動機付け要因を5つ紹介します。

- やりがいのある仕事を通して達成感が味わえること（達成）
- 達成した結果を上司や同僚に認められること（賞賛・承認）
- 仕事の中に自己の知識や能力を生かせること（仕事そのもの）
- 責任をもって任されること（責任）
- 仕事を通して能力を向上させ、人間的に成長できること（成長）

この5つの内容はストロークです。職場の生産性を高め、かついきいきした職場にするための条件です。仕事の中に、相手の存在を認めるための働きかけであるストロークを動機付け要因として織り込んでいくことが大切です。

❸いい関係を築くためのストローク交換

みなさんは、いい人間関係を築くために必要なことは何だと思われますか？

ストロークという観点から言うと、相手が欲しがっている肯定的なストロークを相手にたくさん与えることです。また自分に肯定的なストロークが来たときには、それを素直に受け取るということが大切です。そしてそのやりとりを根気よく続けるのです。このことを「ストローク交換」といいます。

相手が欲しがっている肯定的なストロークを与えるためには、相手に関心を持つことが大切な基本です。相手に関心を持っていないと、相手が欲しがっているストロークは見えてきません。

よく、「叱り方を教えてほしい」という管理職の方がいます。「叱る」とは否定的なストロークです。しかし信頼関係ができていないと、叱るという否定的なストロークに効果はありません。まずは、根気よく肯定的なストローク交換をする中で信頼関係をつくらないと、否定的なストロークは効果を発揮しないのです。

❹最高に嬉しいターゲット・ストローク

相手がもらって最高に嬉しい、深いストロークのことを「ターゲット・ストローク」といいます。人を最高に動機付け、目標観を形成させるようなストロークです。

その人が日ごろ努力していることや普段心がけていること、目標として持っていることがターゲットになります。これらはさきほど述べたように、相手に関心を持っていないと見えてきません。

相手といい関係をつくりたいなら、相手にとってのターゲット・ストロークをつかむことです。

❺ストロークを与えるうえでの注意

肯定的なプラスのストロークは、プラスの方向へ人を動機付けます。そしてさらにその方向に目標を持って進み始めさせることができます。肯定的なプラスのストロークは、相手の行為・行動に対しても人格に対しても、たくさん与えることが必要です。

否定的なマイナスのストロークは、やり方を間違えるとマイナスの方向へと人を動機付けてしまいますから要注意です。否定的なマイナスのストロークは、行為・行動にのみ与え、けっして人格に与えてはいけません。

たとえば部下が遅刻した場合、その遅刻したという行動をまずいと叱るのはよいのですが、「遅刻するあなたはダメだ」というような人格否定につながることを言ってはいけないのです。愛情をもって叱ることが大切です。

❻生活・仕事におけるストロークの活用

さらにストロークに関して大切なことをいくつか紹介します。

●ストロークの基本

ストロークは、人にとって水や食べ物と同じです。人間が生きてゆくために必要なものです。人はストロークなしでは生きられません。

そしてストロークは、あなたが与えただけあなたのもとに返ってくるともいわれています。いくら出しても減ることはありません。だからどんどん出していきましょう。

組織集団では、往々にして上から下へストロークが流れる傾向があるといわれます。たとえば上司から部下へということです。これを両面通行にすることが職場の活性化につながります。

みなさんは、自分に肯定的なストロークをくれる人を何人持っていますか？　具体的に書いてみてください。自分が困ったときに助けてくれる人、勇気付けてくれる人です。

家族、親戚、職場の同僚、尊敬する上司、友人などなど、何人くらい名前を挙げることができますか？　そんな人がたくさんいるほうが、いい仕事もでき、幸せな人生を歩むことができるでしょう。

●健全なストロークの環境づくり

人はだれでもストロークを出したり、受け取ったりするときの癖を持っているといわれます。この問題のあるストロークの癖を意識的に止めることが大切です。その方法を5つ紹介します。

①相手に伝えたい肯定的なストロークがあるのに、それを伝えない

ほめることができるのに、あまりほめないのはもったいないことです。どんどんほめましょう。

②欲しいストロークがあるのに素直に欲しいと言えない

欲しいストロークがあるなら、素直に欲しいと言えるようになりましょう。日本人の場合、自分をほめてほしいということを言うのはなんとなくはばかられる感じを持つ人が多いのですが、率直にほめてほしいと言ってみましょう。

③欲しいストロークが来てもそれを受け取らない

ほめられて嬉しいときには、素直に嬉しいと言いましょう。

④欲しくないストロークが来ても、拒否も否定もしない

不快なことを言われて不快なときに、黙っている必要はありません。不快であれば、不快だということを冷静に伝えることも大切です。

⑤自分自身にストロークを与えない

ストロークを自分で自分に与えてもよいのです。いつも頑張っている自分にねぎらいの言葉をかけましょう。たとえば、お風呂に入ったときに湯船の中で、感謝とねぎらいの意味を込めて「今日一日、お疲れさま！」と体をポンポン叩いてあげるのです。

以上、ストロークについて紹介してきました。相手に関心を持って自然体でストローク交換ができるようになりましょう。いい人間関係を築く基本です。

3 自分を知るということ

ストロークの紹介の中で、人それぞれにストロークの癖があるということをお話ししました。しかしなかなか自分の癖には気づかないものです。そこでこれから、いいコミュニケーションをとるための最も大切な基本として、自分を知るということについて考えてみたいと思います。

自分を知るということは、だれもが関心のあるところです。自分に関心を持たない人はいないといってもいいでしょう。

また私たちは、人と関わりながら生きています。自分のことをあれこれ考えていると、今度は自分が人とどんな関わり方をしているかということも見えてきます。「ジョハリの窓」でも紹介しましたが、自分のことを理解しようとすること＝「自己理解」は、他者を理解すること＝「他者理解」につながるのです。自分を知ることが他者を知ることにつながり、そしてそれが相互の理解につながっていきます。

自分を知るための方法はいろいろありますが、ここではTAという考え方を使います。TAとは、「Transactional Analysis の略で、日本では「交流分析」といいます。アメリカの精神分析医エリック・バーンによって開発され、精神分析の口語版ともいわれています。

TAとは、人間行動を理解するための一つの体系化された理論とやり方です。自分を知る、または自分が他の人とどのように関わっているかを知るための方法です。自分を知るとは、自分の行動の仕方やものの見方・考え方そして感情の持ち方・反応の仕方を知ることです。それらは、よくよく考えてみると自分の性格であり自分の生き方そのものともいえます。TAでは、それらは変えることができると考えます。

さきほど紹介したストロークも、TAの大切な考え方です。

まずここでは、「エゴグラム」というやり方を使って、みなさんの行動特徴を見ていただきます。

❶エゴグラムチェックリストの記入

自分についての次の50の質問に、「はい」なら○、「どちらとも言えない」なら△、「いいえ」なら×で答えてください。できるだけ直感的に、△は、少なめにおさえて、○または×で答えるようにしてください。

「理想」欄には、理想的な自分をイメージして、理想的にはこうありたいということで記入してください。「現実」欄は、現実の自分ということで記入してください。

エゴグラムチェックリスト

NO	設問	現実	理想
1	人の長所よりも欠点が目につくほうである		
2	困った人を見るとつい手助けしたくなる		
3	ものごとを事実にそって客観的にいろいろな角度から検討するほうだ		
4	時にはめをはずして遊ぶことが好きである		
5	いやなことはいやと言わずに抑えてしまうことがある		
6	規則を守らない人があると注意する		
7	人に頼まれたら断れずに引き受けてしまう		
8	何事も情報を集めて判断する		

9	好奇心が強い		
10	無理しても他人からよく思われようと行動する		
11	人のミスや欠点を厳しく追求する		
12	無償で働くことをいとわない		
13	感情的というより理性的である		
14	遊びの雰囲気に抵抗なくとけこめる		
15	他の人たちが決めたことは納得いかなくても従う		
16	スパルタ教育も時には必要だと思う		
17	よく他人の面倒をみたり世話をするほうである		
18	過去にとらわれないで現在を重視するほうだ		
19	映画やテレビやゲームなどの娯楽を楽しめる		
20	思ったことをはっきり言えず悔んだりすることがある		
21	人に責任感を要求するほうである		
22	人が幸福になることを素直に喜べる		
23	自分にとって損か得かをよく考え行動するほうだ		
24	欲しいものは手に入れないと気がすまない		
25	人のご機嫌をとるようなところがある		
26	礼儀作法にはうるさいほうである		

27	人の失敗や落度は許すことができる		
28	買い物は計画的で、衝動買いはしない		
29	「すごいなあ！」など感嘆詞をよく使うほうである		
30	周りの人が自分をどう見ているかを気にするほうである		
31	「ダメだよ」「こうすべきだ」という言い方をよくする		
32	面倒くさいことでも尋ねられたら親切に教える		
33	話をするときに数字やデータをよく使う		
34	嬉しい時や悲しい時は素直に感情を出すほうだ		
35	自己主張するより相手の話を聞くほうである		
36	小さな不正や過ちもあいまいにできない		
37	積極的に人をほめるほうである		
38	他人の意見は賛成反対両方聞く		
39	直感的に行動するほうである		
40	自分から積極的に行動することは少ない		
41	最近の親は、子供を甘やかしすぎると思う		
42	よく人をはげましたり、慰めるほうである		
43	やろうとすることは、結果まで予測して慎重に行動に移す		
44	言いたいことはためらわずに言うことができる		

45	自己卑下することがあり、劣等感を持っている		
46	会話で人の話をさえぎって、自分の考えを述べることがある		
47	電車やバスで老人に席を譲る		
48	どちらかというとクールで醒めたところがある		
49	冗談を言ったりからかうのが好きである		
50	不満はなるべく外に出さないように努めている		

❷エゴグラム集計表の記入

エゴグラムチェックリストの記入が終わりましたら、エゴグラム集計表に転記してください。○が2点、△が1点、×が0点で、現実と理想の欄にそれぞれ転記してください。転記が終わったら、縦に点数を合計して合計欄に記入します。

❸エゴグラムの図

エゴグラム集計表の合計点で棒グラフを作成します。縦の線の左側に「現実」の棒

エゴグラム集計表

CP			NP			A			FC			AC		
NO	現実	理想	NO	現実	理想	NO	現実	理想	NO	現実	理想	NO	現実	理想
1			2			3			4			5		
6			7			8			9			10		
11			12			13			14			15		
16			17			18			19			20		
21			22			23			24			25		
26			27			28			29			30		
31			32			33			34			35		
36			37			38			39			40		
41			42			43			44			45		
46			47			48			49			50		
合計			合計			合計			合計			合計		

エゴグラムの図

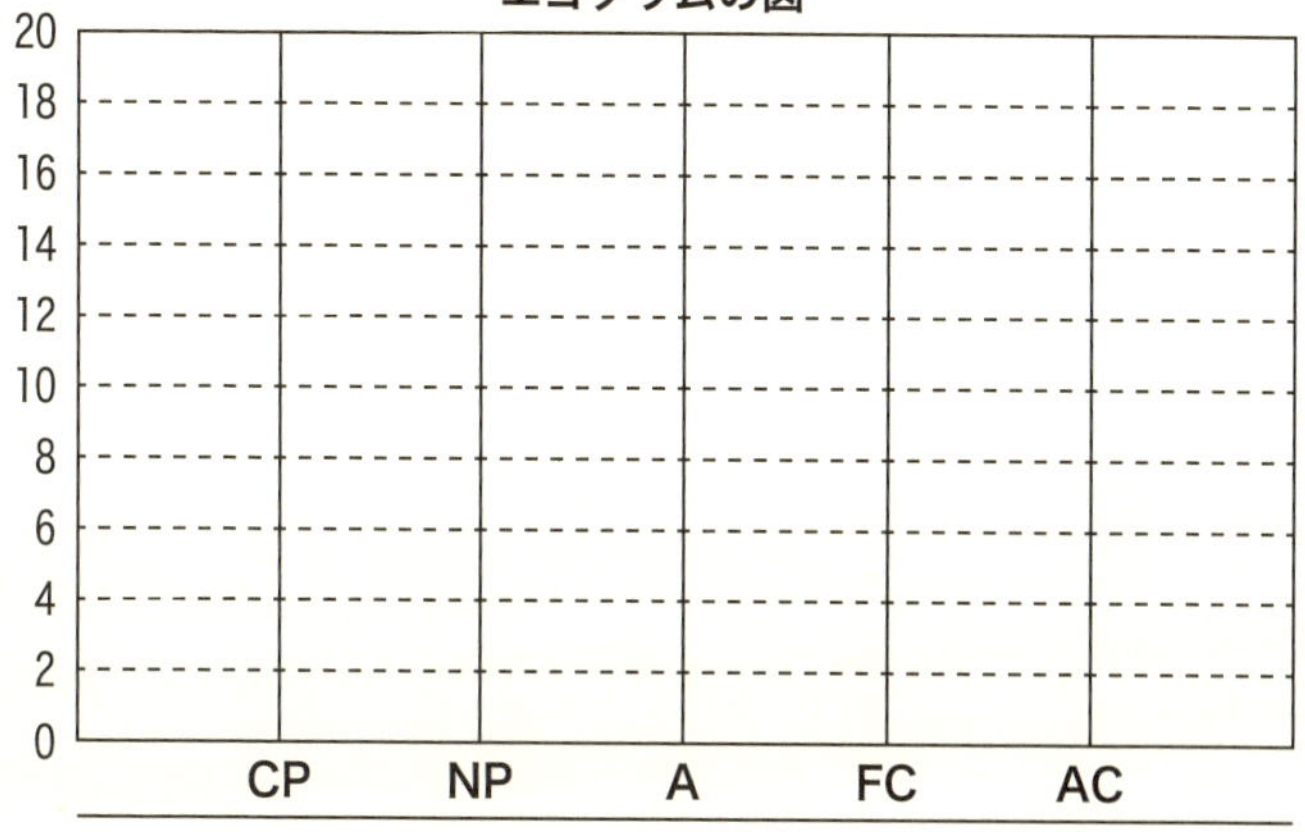

エネルギー量　現実（　　　）理想（　　　）

グラフを、右側に「理想」の棒グラフを色分けして描きます。エネルギー量には、5つの合計点数をたして、現実と理想それぞれ記入します。

❹5つの自我状態の成り立ちと特徴

人間の脳には、140億の神経細胞があるといわれています。脳が発達するということは、配線が出来上がるということです。そしてその配線の出来上がる発達の時期は、脳の部分によって異なります。また、脳は脊髄が発達したもので、場所によって受け持つ機能が違います。

まず赤ちゃんは生まれていろいろな刺激を受けて、感覚を発達させます。親はスキンシップや言葉かけをしますが、赤ちゃんはこれに反応して、体の中で何らかの情動が感情として発達していきます。これが3歳くらいまでです。そこで子供のような自我状態（C：チャイルド）を発達させます。

3歳を過ぎるころから、親の真似をするようになります。親の真似をして「なんとかごっこ」、たとえばおままごとなどをします。そこで親のような自我状態（P：ペアレント）を発達させます。

小学校に行くようになると、さらに思考力が発達してきて、集団の中で自己形成するようになります。そこで成人のような自我状態（Ａ：アダルト）を発達させます。成長過程の中で、親のような自我状態（Ｐ）、成人のような自我状態（Ａ）、子供のような自我状態（Ｃ）を発達させるわけです。

さきほど紹介したエリック・バーンは、これが自分であるという状態（これを自我状態といいます）をＰ（ペアレント）、Ａ（アダルト）、Ｃ（チャイルド）という３つの状態に区別し、人とのやりとり・交流がどのような自我状態でされているのかを分析しました。

Ｐの自我状態は、子供のときの親のやり方や考え方をそっくりそのまま自分の中へとり入れた状態で、批判的、きめつけ的な面（ＣＰ：クリティカル・ペアレント）と、保護的、養育的な面（ＮＰ：ナーチャリング・ペアレント）を持っています。

Ｃの自我状態は、子供のときの感情体験が、そのままよみがえって再現されるような状態で、天真爛漫に喜怒哀楽を表現したり（ＦＣ：フリー・チャイルド）、自己中心的な反抗をしたり、依存したり、閉じこもったりする状態（ＡＣ：アダプテッド・チャイルド）です。

Ａの自我状態は、成人としての状態で、冷静に現実を見つめ、見通しや計画を立

5つの自我状態の成り立ちと特徴

	P（ペアレント・親）		A（アダルト・大人）	C（チャイルド・子供）	
成り立ち	幼児期に親などの養育者がよく言ったことや、やったことを、いつの間にか親と同じように、そのまま自分の中に取り込んだ自我状態		思考力が発達するにつれて、事実に基づいて客観的に物事を判断し、対応しようとする過程でつくりあげられた自我状態	幼児期に親などの養育者に対応しようとする過程で、直感的に感覚的・感情的な反応の仕方を身につけて出来上がった自我状態	
5つの自我状態の特徴	CP 批判的P	NP 保護的P	A 大人	FC 自由なC	AC 順応のC
	価値観・良心・道徳心など理想とする考え方を身につけた自我状態 父性的	親身になって世話をしたり、優しさや愛情を示す自我状態 母性的	問題解決にあたって、合理的に情報を収集したり現状把握を行い、今ここでどのようにすることが最も適切な解決法かを判断する自我状態 理性的・知性的	親などの養育者の影響をほとんど受けずに、人間が本来持っている自然な感情を自由に表現する自我状態	他人の顔色をうかがったり、自然な感情を抑え周りに合わせたり妥協したり柔順になったり、時に反抗的になる自我状態
	厳しい私	やさしい私	冷静な私	あけっぴろげな私	人に合わせる私

て、物事に適切に対処し、自分で主体的に問題解決のできる状態です。
すべての人は、これら5つの自我状態のいずれかの状態で人間関係を持つと考えられます。前ページに表にしました。

❺自我状態の行動特徴

みなさんにつくっていただいたエゴグラムは、この5つの自我状態が強いか弱いかを目に見えるようにしたものです。ここでは、自我状態の行動特徴ということで表にしました（次ページ参照）。表にある特徴が5つのグラフになって表れているものがエゴグラムです。

自分がよくとる行動は、棒グラフの高いところ、あまりとらない行動は棒グラフの低いところです。この5つのバランスをとりながら、私たちは生きています。エネルギー量を出してもらいましたが、人によって配分が違います。エネルギーとは心的エネルギーで、人との関わりの中で出てくるエネルギーと理解してください。

全部10だと50、全部20だと100になります。

いろんなエネルギー（やさしさ、きびしさ、冷静さ、あけっぴろげ、人に合わせる）

	言葉の特徴（よく使う言葉）	態度の特徴（よくとる態度）
	～は良い　～は悪い ～しなさい　～するな ～すべきだ　～すべきでない 正しい　間違っている 何てダメな奴だ　大体お前は 俺の言う通りにすればいい	顔をしかめる　腕組みをする 肩をいからせる　指さす 腰に手をあてる 失敗や欠点を責める 白い目で見る　にらみつける 鼻で笑う　コブシで机を叩く
	よかったね かわいそうに　大丈夫？ 頑張ったね　大変だね 任せておきなさい　やってあげよう とても上手になりましたね 何か手伝うことはない？	慈悲深いまなざし 握手する　抱きしめる 両手をひろげる 優しい笑顔 柔らかい声　肩を組む 大きくうなずく
	『何が、いつ、どこで、誰がどうして、なぜ』などと聞く 具体的に言うと…… たとえば　どんなことですか ～という意味ですか	背筋が伸びている 動作がきびきびしている 相手をよく見る はっきりした落ち着いた声 穏やかな表情　淡々と話す 注意深く聞く
	ワァー！　キャー！ ほんと！　やったぁ！ すごいな！　かっこいい！ 好き！　嫌い！ ～がしたい（したくない） ～が欲しい（いらない）	動作が大きい 動きが活発 ふざける　明るい声 目を見開く　よく笑う 大声で話す
	すみません　無理です ～していいでしょうか 私はダメなんです もういいんです！ ほっといてくれ！ なんでわかってくれないの！	頭を下げる　ため息をつく 伏し目がち　オドオドする 顔色をうかがう ぼそぼそ声　つくり笑い わめく　ふくれっ面 くってかかる

自我状態の行動特徴

	肯定的な行動特徴	否定的な行動特徴	基本的な特徴
CP	• 理想を追求する • 良心に従う • 秩序を維持する • 道徳を尊ぶ • 責任を持つ	• 偏見を持ちがち • 何事にも批判的 • 独断的である • 支配的である • 排他的である	• 善悪の判断 • 命令・禁止・しつけ • 価値観・道徳観念 • 良心・信条・理想 • 権威的・支配的 • 保守的
NP	• 相手を認める • 共感する • 受容する • 保護育成する • 同情する	• 押しつける • 甘やかす • 過度に干渉する • 過度に保護する • 自主性を育てない	• 愛情・優しさを示す • 同情する　いたわる • 目をかける 共感する • 養育的・献身的 • 勇気づける　ほめる • 奉仕する
A	• 合理性を尊重する • 沈着冷静である • 客観的に判断する • 事実に従う • 理想を持つ	• 打算的である • 機械的である • 無味乾燥である • 無表情 • 冷たい	• 合理的・理論的 • 情報を集める • 事実に基づく • 感情をコントロール • 客観的・冷静
FC	• 天真爛漫 • 好奇心が強い • 直感的 • 活発に動く • 創造性に富んでいる	• 自己中心的 • わがまま • 傍若無人 • 感情的 • 動物的	• 本能的・オープン • 直感的・創造的 • エネルギッシュ • 自由・無邪気 • あけっぴろげ • 感情を素直に出す
AC	• 協調性に富む • 妥協的である • 柔順である • 慎重である	• 遠慮がち • 依存心が強い • 自主性に乏しい • 敵意を隠している	• 従順・協調的 • 依存的・抑圧的 • 消極的・我慢する • 反抗的 • 不平不満が多い

を持っていれば、それだけエネルギー量が高くなります。これを見ると、自分がどういうエネルギー配分で人と交流しているかがわかります。エネルギー配分に偏りがあると、コミュニケーションがうまくいかないということも出てきます。

ご自分のエゴグラムを見て、5つの自我状態のバランスは理想ではどうなっていますか？　CPとNPのバランスはどうですか？　CPよりNPを高くしていませんか？　FCとACのバランスはどうですか？　ACよりFCを高くしていませんか？　Aはどうですか？　やはりある程度高くしていませんか？　バランスを考えると、一般的な形では山型になる方が多いようです。なめらかな曲線にならないと、またエネルギーに偏りがあると、問題が起こることがあります。

点数の高いものは特徴として外に出ているし、低いものも、その行動をとらないということで、特徴として外に出ています。エゴグラムに表れた自分がどういう人間か、それが人間関係の中に出ていると思ってください。

意識するとエゴグラムは変わります。状況によってもエゴグラムは変わります。今の自分は決定的ではないと思ってください。目安にすぎません。エゴグラムは行動特徴です。大切なことは相手と状況に応じて、とるべき行動を変えられるということ。コミュニケーション能力の高い人は、相手と状況に合わせて自分の行動を変えることができる人です。

さらに言うならAはコントロールタワーです。冷静・客観的に物事を判断するAによって、セルフコントロールをする。すなわち状況に合わせて自分の行動を変えるという考え方をします。

ここがTAの考え方の大切なポイントです。性格を見ているのではなく、行動のありようを見ているのです。行動を変えることによって、エゴグラムは変わります。行動を変えることは、今からでもできます。つまり、行動することによりエネルギー配分を変えることができるのです。そして、行動が習慣化すれば、心の内面も変わってきます。形から入って、心を変えるということ。自分を変えよう、変革しようと思ったら、行動あるのみです。

❻自我状態を高める方法

エゴグラムで、自己変革課題を考えてみましょう。みなさんが書いたエゴグラムで、理想と現実の差の一番大きなところに着目してください。問題（課題）とは、あるべき姿と現実の差です。現実が低くて、高くしたいところを問題（課題）ととらえます。

ポイントは、低いところを伸ばすことです。とっていない行動をとるということです。まず、伸ばすところを1箇所決めてください。次に伸ばすためにとる行動を具体的に3つ考えてください。そのときに、次ページの「自我状態を高める方法」の表を参考にしてください。

「性格を変えろ」ではなく「行動を変えろ」ということに注意してください。伸ばすための行動は具体的でないと行動・実践できません。今からでも行動がとれるものであることが大切です。重要なことは、まず始めること。そして続けることです。

最後に自己変革のための行動をとるときのポイントを3つ紹介します。

①目標を持つ

第1のポイントは、「目標を持つ」ということです。「〜したい」という欲求を目標化します。簡単に自己変革できるよい薬があるでしょうか？

エゴグラムは現状をつかむ道具であって、よい薬なんてありません。具体的な行動を反復習慣化して繰り返すしかありません。つまり意識的に行動し、意識しないでできるようにすることです。スポーツのトレーニングと同じと思ってください。

自我状態を高める方法

	言葉の改善	態度・行動の改善
CP	•決めたことは、最後まできちんと行う •「私はこう思う」と自分の考えを言う •黙っていないで、発言する •「〜すべき」と伝える	•計画表、時間割表をつくり守る •その場で叱る、注意する、批判する •自分のルール・決めたことにこだわり、ゆずらない •積極的に自己主張する
NP	•相手の気持ち・感情に共感する 「うれしかったでしょうね」「辛かったでしょうね」 •積極的に思いやりの言葉をかける 「大丈夫ですか」「がんばってね」 •「何か手伝いましょうか」と援助を申し出る	•相手のよいところを認める、ほめる、プラスのストロークを与える •話を聴く（笑顔でうなずく、相づちを打つ） •ほほえむ •他の人のために時間をさく •贈り物をする •具体的な援助をする
A	•「資料やデータを参考に見せてくれますか」 •「もう少し具体的に詳しく説明してください」 •「〜ということですね」と確認する •「ゆっくり考えさせてください」	•問題点を書き出す、その原因を書き出す、解決策を書き出す •プラス面・マイナス面を分析する •結果を予測し、全体をとらえる •〇〇さんならどうするかと考える
FC	•「うれしい」「楽しい」「おもしろい」と感情表現する •ユーモアを話に入れる •「ちょっとやってみよう」「ちょっと見てみよう」と言って行動する	•なるべく自分の気持ちを表現し、伝える •表情・ジェスチャーで自己表現する •楽しいこと、好きなことを思いっきり行う •自分のカラを破り、新しいことを試してみる
AC	•「大丈夫ですか」と相手を気づかう •「こんな感じですか」と意向をたずねる •「すみません」とあやまる •「ありがとう、助かりました」とお礼をいう •「気分を害していませんか」と相手の気持ちを確認する	•相手に関心をはらう •遠慮して、相手にゆずる、従う •相手の反応をよく見る •相手の気持ちを配慮する •一歩譲る

②Aを活用し、FCを解放しよう！

第2のポイントは「Aを活用し、FCを解放しよう」ということです。4つの自我状態を統合していくのはAです。また、FCを伸ばすとは、その人のその人らしさを伸ばし、自分らしく生きることです。自分の周囲でモデルになるような人がいたら、真似をすることが伸ばす秘訣です。そして、欲張らず一つずつやることです。

③実行すること

第3のポイントは、「実行すること」です。実行すると、必ず何かが変わります。

以上、心理学の中の一つの方法であるエゴグラムを通して、自分を知るという作業をしてきました。心理学は、心を理解する学問です。しかし、心は見えません。言葉、態度、表情、行動を確認することで、心は見えてくるのです。周囲の人といい関係をつくろうとするなら、心を大切にすることです。心を大切にするということは、言葉、態度、表情、行動を大切にするということです。そして大切な言葉、態度、表情、行動がよくないならば、素直に直してみましょう。人と人との関わりを大切にするためには、まず自分を知るということが基本となるということを忘れないでください。

4 あなたが輝く効果的な話の伝え方

❶ 3つのタイプの自己表現

コミュニケーションには、2つの意味がありました。「共有性」と「やりとり」です。またいい関係をつくるためには、相手に関心を持つことが大切です。自分を知るということも大切です。

自分を知るということは、自分が周囲の人とどのような関わりをしているかを知るということにもつながります。自己理解を進めるということは他者理解を進めることになります。自分のことを考えたり、他者のことを考えたりするやりとりの中で相互理解が進みます。

ここでは、コミュニケーションの2つの大きな機能のうちで、「伝える」ということに焦点を当てて、伝える能力を磨くことを考えてみたいと思います。

伝えるとは、自分の考えや気持ちを表現することです。相手に自分を理解してもらうためにはとても重要なことです。「伝えること」すなわち「自己表現」は、人との付き合いの中で、お互いを大切にし、理解し合い、親密な関係をつくっていくための鍵でもあります。

ここでは「アサーション」という観点から3つのタイプの自己表現を紹介します。

①不十分な自己表現（非主張的な自己表現「ノン・アサーティブ」）

「ノン・アサーティブ」とは、自分の考えや気持ちを抑えて、相手に伝えない、相手が理解しづらい遠回しな言い方をする、言い訳がましい言い方をするなど、非主張的・受け身的な言動のことです。

従順で素直な人と受け止められ、「とてもいい人」と見られることもあります。しかし、相手に伝えないことで自分の中に不満や恨みがたまって爆発し、攻撃的な言動に一転することが多いのも特徴の一つです。

②過剰な自己表現（攻撃的な自己表現「アグレッシブ」）

「アグレッシブ」とは、自分の意見や考えをはっきり言って自己主張しますが、相手の考えや気持ちを無視・軽視して、相手に自分の言動を押し付けることをいいます。

相手に対して否定的な感情や敵意を示す態度で、自分が一番正しい、間違っていないと思っている人によく見受けられる言動です。

③適切な自己表現（アサーティブな自己表現「アサーション」）

「アサーション」とは、率直に自分の思いを語り伝え、しかも、相手も自分の思いを語り伝えられる言動をいいます。

自分の権利をはっきり伝えながら、相手の権利も尊重するという「相互尊重のコミュニケーション」です。

アサーティブになるということは、自分自身のことを素直に、率直に、そして適切に表現することです。

たいていの人は、非主張的なノン・アサーティブな言動と攻撃的なアグレッシブな言動の間を行ったり来たりするか、人や場面・状況によって使い分けています。また相手の意向を無視した親切をおせっかいといいますが、おせっかいの度が過ぎて攻撃的になることもよく見受けられます。

「アサーション」とは、人間関係の中でお互いがしっかりと自分の考えや気持ちを伝えあい、語り合うことを意味するものです。「ノン・アサーティブ」な自己表現も「アグレッシブ」な自己表現も、ともに、何を考えて、どうしたいのかを相手にちゃんと伝えず、自分の要求や希望をゆがんだ形で通そうとしています。コミュニケーションを自分中心で考えてしまっているからです。

次ページに3つの自己表現の特徴をもう少し詳しく表にして紹介しておきます。

「伝える」ということを、3つの自己表現の観点から見てきました。リーダーとしては、アサーションの姿勢を持ちながら、自己表現を心がけることが大切です。

(注) アサーションとは?

アサーションの発祥は、アメリカで、1950年代に心理療法の中から生まれました。当初は自己表現が苦手な人を対象としたカウンセリングの技法として実施されていました。その考え方は1960~70年代には「人権尊重」「差別撤廃」運動において、それまで言論を圧迫されてきた人たちに大きな影響を与えました。

アサーションは、「自己主張」などと和訳されます。日本語としては少し強い表現という印象があってアサーション本来の意味にそぐわないため、アサーションと和訳せずにいったり、「自己表現」といったりします。私は「自己表現」という言葉を使います。

	不十分な自己表現（非主張的な自己表現「ノン・アサーティブ」）	過剰な自己表現（攻撃的な自己表現「アグレッシブ」）	適切な自己表現（アサーティブな自己表現「アサーション」）
行動の特徴を言葉で表現するなら	• 気持ちに正直でない • 自己否定的である • 依存的 • 卑屈 • 引っ込み思案 • 消極的 • 相手任せ • 服従的 • 弁解がましい • 何か言われると黙る	• 気持ちに一見正直なようだが、状況に不適切 • 他者否定的 • 相手を操作する • 尊大 • 強がり • 自分本位 • 支配的 • 一方的な主張	• 気持ちに正直で、状況に適切 • 自分と相手の両方尊重 • 自発的 • 率直 • 積極的 • 柔軟に対応 • 自分の責任で行動 • 自他の調和と協力 • 譲歩する案を持つ
自分と相手に対する基本姿勢	「私はOKでない、あなたはOK」	「私はOK、あなたはOKでない」	「私もOK、あなたもOK」
相手があなたにもつ気持ち	言いたいことも言えないのかという哀れみや苛立ち	勝手なことや無理ばかり言ってという怒りやあとで見てろという復讐心	こちらの言い分もよく聞いて納得感のある結論を出してくれたという尊敬や信頼
アサーティブに自己表現するために	①状況を冷静に見て、自分の考えや気持ちに素直になる ②自分が選択したことには責任を持つ ③意見のくい違いは当然あるものと歓迎する		

❷あなたの自己表現度

ここで自分の自己表現度を把握してみましょう。

あなたは次のような状況で、どんな自己表現をしているでしょうか？　あなたが普段どうするかを考えて、文章の後の「はい」「半々」「いいえ」の欄のいずれかに○をつけてみてください。自分の自己表現度を知り、自分がどのくらいアサーションの姿勢を持っているか、どんな自己表現が苦手か考えてみましょう。

自己表現度チェックリスト

No	設問	はい	半々	いいえ
1	自分のいいところや成果を、率直に言うことができる			
2	自分が緊張しているとき、そのことを認め、言うことができる			
3	初めて会った人たちとの会話の中に、気楽に入ることができる			
4	次の予定があるとき、それを伝えて会話の場から辞去できる			
5	自分の知らないことや理解してないことがあったとき、質問できる			
6	気軽に何かを依頼したり、援助を申し出ることができる			
7	人と違う意見を持っているときに、それを率直に伝えることができる			
8	自分が間違っているときに、それを率直に認めることができる			

9	ほめられたら、それを快く受け、お礼を言うことができる			
10	自分の行為を人から強く批判されたとき、冷静に受け答えができる			
11	職場の人からの厚かましい要求を断ることができる			
12	長電話のとき、自分から時間がないと伝え、話を終わらせられる			
13	会話の途中で自分の話を中断した人に、そのことを言える			
14	会合や招待を都合が悪くなったら、断ることができる			
15	注文した通りのものが来なかったとき、そのことを言って交渉できる			
16	相手の好意が煩わしいとき、そのことを伝えることができる			
17	援助を求められたとき、必要であれば断れる			
18	人のいいところをほめることができる			
19	あなたからお金を借りた人が、お金を返さなかったとき、請求できる			
20	あなたに対する不当な要求を拒むことができる			
21	人の好意がわずらわしいとき、断ることができる			
22	誰にでも、率直に自分の意見を伝えることができる			
23	熱心に依頼されても、自分が嫌であれば断ることができる			
24	失敗したときは、それをきちんと認めることができる			
25	議論の際は、違う意見にもしっかり耳を傾けることができる			
26	コンプライアンス（法令順守）に関しては、見て見ぬふりをせず指摘できる			
	○の合計数			

「はい」の欄に○のついたものは日ごろアサーティブな自己表現ができている事柄です。「半々」「いいえ」に○のついたものは、状況や人によってうまく自己表現できていない可能性があります。

あなたにとってどんな状況が苦手でしょうか？　相手によって、自己表現が変わることはありませんか？

多くの人は、誰か特定の人との関係や、ある種の特定な状況で、アサーションができなくなります。それは長い間につくられた特定の行動パターンが、習慣化された結果かもしれません。なぜだろうと少し振り返ってみましょう。これもエゴグラムと同じように、自分を知るための有力なツールになるかもしれません。

❸効果的な話し方の基本

ここではスキルとしての話し方の基本を学びましょう。リーダーとして、スピーチやプレゼンテーションをする機会があると思います。スピーチやプレゼンテーションのスキルを磨くには、話し方の基本を理解することと実践すなわち場数を踏むことが必要になってきます。

相手を動かす話し方の3つの課題

①話す人の人となりや人柄

自分の持ち味を生かしましょう。尊敬されていたり、好意を持たれたりしていれば、話が下手でも聞いてくれます。そのためには、そういう人になるための毎日の努力の積み重ねが必要になってきます。

②話の内容

話の内容も大切です。日ごろからまめに話のネタ（話材）を集めましょう。適切な例が引けるように、いつも意識して話材を集めておきましょう。

③話し方・伝え方のスキル

効果的な話し方の基本知識を理解して、スキルを身につけることです。たとえば声の大きさや抑揚、スピード、言葉づかい、間、目配り、ジェスチャーなどがあります。これらは練習を積むことによって上達していきます。

意識したい話し方の5つのポイント

①話が具体的である

具体的な例、出来事、実例、体験を話します。たとえば「うちで飼っている白い犬」というよりは、「うちで飼っている1歳の白い秋田犬の太郎」というように言います。具体的なほうが、話し手が伝えたいことが正確に伝わります。具体的でないと、伝えたい内容を相手が自分のイメージでつくり変えてしまうおそれがあります。

また、できるだけ状況を詳細に話します。5W1H（いつ・どこで・だれが・だれに・なにを・どのように）を明確にして、状況を再現します。

②感情はそのまま出す

自分自身をありのままに出すようにしましょう。自分自身を出さないと、表情もなく話が淡々としてしまいます。楽しい話には表情も楽しそうになり、話にもメリハリが出てきます。無理に自分をおさえないことです。

③表情・態度・ジェスチャーを大切にする

話だけではなく、表情・身振り・手振りも活用しましょう。すると話がイキイキしてきます。聴いている人が話に引き込まれていきます。

④普段の言葉で話す

よく知っていることを、できるだけやさしい言葉で話します。知っているからといって専門用語や難しい言葉を入れないことです。よく知っているなら、むしろわかりやすい普段使う言葉で話せるはずです。

⑤大勢の前でも、二人で話すように話す

対話するような感じです。自然体でできるように意識しましょう。大勢の人の前に立って話をするとなると何か特別な話をしなければならないと考えてしまう人がいます。するとそれだけで緊張感が出てきます。しかし大勢の前で話をするのも数人の前で話をするのも同じだという気持ちで話せばよいのです。

話のつくり方・練習の仕方

話のつくり方は、人により経験的にいろいろやり方があるかもしれません。ここでは私が話し方教室で学び、経験的に身につけたやり方を紹介します。

①テーマを選ぶ

何について話すかを決めます。これは話す対象者や場によって違ってきます。

②話に盛り込む材料を選ぶ

使う材料を、思いつくものすべて、とにかく箇条書きにして出してみます。

③話す内容の順番を決める

頭の中で話すイメージをつくりながら、話の展開・ストーリーを考えます。最初は少し具体的に、話の展開を書き出しておきます。そして使わない材料は捨てます。

④手に持つメモをつくる

③で書き出した内容をA４の紙1枚くらいに、見やすいように転記します。話す内容をすべて文章にする人がいますが、お勧めできません。文章にすると、そ

れを見て読んでしまうからです。そうではなく、話を聞いている人に顔や視線を向けることが大切です。顔や視線を向けないと、話が伝わらなくなってしまいます。仮にすべて暗記したとしても、話しているときに忘れてしまい、そのあと頭がまっ白になり続かなかったということにもなりかねません。話の展開のメモだけにしておきましょう。

⑤練習する

手に持つメモを机の上に置き、時計やタイマーを使って、声に出して少なくとも2、3回は練習します。声に出してやることが大切なポイントです。誰かに聞いてもらうのも、より効果的です。練習すればするほどうまくなります。

基本的な話の構成の例

話の構成の例を3つ紹介します。もちろん話のつくり方・構成はいろいろ工夫ができます。自分なりに工夫してみましょう。最初は、基本的なところを理解し、やってみることも大切です。慣れてきたらいろいろ工夫してみましょう。

例1　応用の利く基本パターン

①最初に、話の内容の全体を伝える

「私は、これからこういうことについてお話しします。」

②次に、話のテーマのきっかけ・例を紹介する

「今日ここへ来る途中横断歩道でこんな光景を見ました。」

③次に、その光景について自分の感じた気持ちを話す

「それを見て、私はこう感じました。」

④結論

「それを教訓にして私は、これからこんなふうにしようと決意しました。」

⑤終わりの言葉

「私は、今日こんなことをお話ししました。ありがとうございました。」

この話の構成例は、いろいろと応用することが可能です。何度も使ってみると応用力がつきます。朝、1分間スピーチをする職場もあるかと思います。そんなときにはぜひ活用してみてください。

例２　仕事で説明したり発表する話の構成の例

［主旨→理由→具体例の提示→結論］

①主旨

「この川崎工場改善プロジェクトにおいては、Ｃ社の案を採用したいと考えます。」

②理由

「なぜなら、Ａ、Ｂ、Ｃ３社に、プレゼンテーションをやってもらいましたが、その中でもＣ社のものが、内容的にも、コスト的にも一番よいと評価したからです。」

③具体例

「その上、Ｃ社のプランは、すでに仙台と広島の工場で、試験的に採用しておりまして、非常によい効果が出ているという報告を受けております。ですから、今回の川崎工場改善プロジェクトにおいても必ず効果が出るものと期待されます。」

④結論

「以上の理由から、今回のプロジェクトは、Ｃ社のものでやらせていただきたいと考えます。」

例3　箇条書き方式の話の構成の例

「みなさん、○○で大切なことが3つあります」

「まず第1に〜すること」

「第2に〜すること」

「そして第3に〜することです。」

「まず、第1の〜ですが、（〜詳しく紹介する〜）」

「次に第2の〜ですが、（〜詳しく紹介する〜）」

「最後に〜ですが、（〜詳しく紹介する〜）」

「以上ここでまとめますと、○○で大切なことは、1番は〜、2番は〜、3番は〜ということです。」

「この3点を忘れず行動してください。」


例2や例3の話の場合には、証拠となるものを使用すると効果的なことがあります。5つ紹介します。

- 統計や数字が必要であれば、活用します。図表で示すのも効果的です。また数字は比較するとわかりやすくなります。

- 例え話を入れると話がわかりやすくなります。
- その道のプロといわれる人の話を紹介すると説得力が増します。
- 事実としての実例は多く使うと効果的です。
- 現物を見せたりするデモンストレーションを行うことも有効です。

スピーチの基本

前に立って話をするとき大切にすることを「音声」と「見た目や外見」に分けて紹介します。

①音声

- 声の大きさ
- 声の高低やメリハリ
- 話のスピードやテンポ
- 非単語（えーと、あの―など）

話の中で何か強調したいときなどは、声の大きさを変えたりします。また淡々とした話しよりメリハリのある話のほうが、聞いていて引き込まれます。声の大きさ、高低、スピード、テンポを変えることで話がいきいきしてきます。

可能であれば、一度自分がスピーチをしているところを映像に撮ってもらうと自分の特徴がよくわかります。いい点は磨きます。改善点は、修正します。

また非単語が多くなると気になりますし、聞きづらくなります。非単語は、緊張するとよく出るといわれます。

②見た目・外見

- **視線（アイコンタクト）**
- **手の動き（ジェスチャー）**
- **よい姿勢（リラックス）**
- **顔の表情（にっこり）**

見た目の印象は、私たちが思っている以上に記憶に残ります。

まず視線は、聞いている人のほうに向けます。メモなど持っていると下を向きやすくなりますが、極力下は向かないようにします。

手は組まないようにします。話に気持ちが入ってくると、自然に手が動き出します。手を組んでいたら手の自然な動きを止めることになります。

また姿勢によって、リラックスしているかどうかがうかがえます。重心は真ん中に、足は肩幅に開きます。

顔の表情も大切です。基本はやわらかい笑顔です。話の内容によって、表情を変えられるようにしましょう。日ごろから顔の筋肉をやわらかくしておきましょう。テレビに出る俳優の表情は参考になります。

リーダーとしての自信を表す話し方

最後にリーダーとして話をするときのポイントを紹介します。

●時に断定的に言う

断定的に言うことで、自信の表れに聞こえます。話の内容に応じて、自信を持って断定的に話すことが必要です。

●大切なところや強調するところは繰り返す

まず話をするときに自分なりのキーワードを考え、使います。そしてこのキーワードは、強調するところで繰り返します。

●短い文章で話す

「〜して、そして〜して、さらに〜で、だからこうなんです」というふうにだらだらした文章にしてはいけません。だらだらした文章にすると焦点がぼけてしまい、伝えたいことがあいまいになってしまいます。

●時々アイコンタクトを長くする

職場で話をするときなどは、キーパーソンがいれば、その人に向けて少しアイコンタクトを長くしてみます。さらに笑顔でうなずきながらやってみます。

●時々大きな声で話す

大きな声は自信を表します。特に強調したい大切なところでは、声を少し大きくします。声の大きさが一定で、メリハリもなく、テンポも一定の話し方をすると、聞いている側は眠くなりますし、記憶に残りません。

5 人の成長を促す効果的な話の聴き方

コミュニケーションの大切な機能は、「伝える」機能と「きく」機能の2つです。「効果的な話の伝え方」についてはすでに紹介しました。伝えることについては、管理職の人たちはスキルを磨く機会が結構ありますし、話し方教室などもたくさんあります。しかし「聴き方教室」というのは聞いたことがありません。

もちろんカウンセリングの勉強をすれば、聴くということのトレーニングをします。しかし世の中には、聴くスキルを磨いてほしい仕事に携わっている方々はたくさんいます。学校の先生、お医者さん、看護師さん、介護に携わる方々、また組織で働くリーダーあるいは管理職の人たちです。

リーダーや管理職の人たちの「聴く」ことのトレーニング・練習の場は、日常の生活や仕事の場面でたくさんあります。

たとえば、1人の部下を持つ管理職の人は、部下と1日1回5分間話をするとすれば、1年間で200回、1000分、話を聞くことができます。すなわち1年間に16

時間は話を聴くことができるわけです。相当いろいろな話を聴けて、いろいろな情報が得られるでしょう。信頼関係をつくることもできるでしょう。

豊かな人生を生きるためには、豊かな人間関係が必要です。私は、豊かな人間関係をつくるためには、聴き方を磨くことは必要不可欠だと考えています。

それではこれから「きく」ということをいろいろな観点から紹介していきます。聴くということはどういうことか、聴くスキルをどうやって磨くか紹介します。

❶「きく」：「聞く」と「聴く」

私は、「きく」機能とひらがなで書いていました。しかし「効果的な話の聴き方」は漢字で「聴く」です。また「聞く」という漢字も使っていましたが、私の中では「聞く」と「聴く」の意味合いが違います。

「聞く」は、聞こえるという使い方があるように、声が自然に耳に入ることで、聞く側が受身になります。英語では、「hear」という単語に当たります。

一方「聴く」は、まだ言葉になっていない相手の思いや言っている言葉の意味を聞き取ろうとして積極的に耳を傾ける、話し手に積極的な関心を寄せるという意味があります。英語では、「listen」という単語に当たります。「積極的傾聴」（active listening）という言葉もあるように、働きかける聴き方を表すのが「聴く」ということです。

❷リーダーとしての姿勢：傾聴マインド「直そうとするな、わかろうとせよ」

親は子供のことを直そうとします。上司も部下のことを直そうとします。そうすると聴くよりも話すことが多くなります。その結果、逆になかなか直らないということになりかねません。

わかろうとすれば、相手を理解しようとして聴くことが多くなります。すると、直そうとしないのに直ってくることもあります。相手を理解しようとする姿勢が大切なのです。

傾聴マインドとは、人に向き合う姿勢や態度です。話し手を温かく受容し、圧力や脅威を与えないで、話し手の視点に立って共感的に話し手の話を聴き、正しく理解し、互いに信頼関係を結ぼうとする姿勢や態度のことをいいます。

こうした姿勢や態度は、1日学んだからできるというものではありません。日ごろから意識して心がけ、肯定的なプラスのストローク交換をしながら、相手の持つ強み・持ち味・能力を最大限に引き出し、育成し、自己実現を援助しようとする必要があります。これはリーダーシップ発揮のベースとなるものです。

❸リーダーシップ発揮の6つの条件

①よい聴き手である

「聞く」のではなく「聴く」です。さきほど紹介した積極的傾聴を心がけます。自分が話すより、まず聴くことに徹しましょう。相手の情報は聴くことで入ってきます。話しているときには、情報は入ってきません。

②話し手を「受容」する

しっかりと受け止めましょう。是非善悪・好き嫌いの判断や先入観を持たず、ありのままの相手を受け入れます。そして相手の言わんとすることを傾聴します。

③話し手に「共感」する

相手が感じているように感じるということですが、簡単なことではありません。

相手の気持ちや感情を相手の立場に立って受け止め理解するように努力しましょう。また相手のとらえ方や認知の枠組みを理解することも必要です。共感は100%はできないといわれます。なぜなら、心は見えないからです。だからこそ、よく聴かなければなりません。

④相手の話の秘密事項を漏らさない

守秘義務です。「あの人に話したら筒抜けになってしまう」と思われたら、信用をなくします。リーダーとして失格です。秘密を守ることは信頼を築く基本です。

⑤誠実な態度をとる

「言っていることとやっていることが違う」とか「言っていることと考えていることが違う」という態度は誠実とは言えません。聴き手自身が自分をありのままに表現して伝える誠実な態度が必要です。

⑥信頼関係を築く努力をする

信頼関係は、互いの信頼関係を築くいろいろな努力の中からできてくるものです。「この人だったら話せる」という信頼関係を構築する必要があります。この信頼関係のことを「ラポール」といいます。

以上見てきたように、リーダーシップを発揮するためには、リーダーシップを発揮しやすい環境をつくることもリーダーの大切な仕事になります。

❹聴くことの効果と話すことの意味

まず聴くことには、3つの効果があると考えています。

1つ目は、受容や共感の姿勢をもって聴くことで、相手が受け入れられていると感じ、さらにお互いの信頼関係を築くことができます。関係性のパイプが太くなります。

2つ目に、聴くことで、相手が自分で自分の問題を解決する糸口を見つけることができるようになります。問題解決の手助けができるということです。

さらに3つ目として、聴くことで相手をより深く理解できるということがあります。自分が話をしているときには、相手を理解することはできません。

以上の3つの効果はすべて、相手との信頼関係づくりにつながるものです。

リーダーであるみなさんは、自分の思いや考えを伝える前に、伝える相手が何を求めているのかということを、まずは聴く必要があります。聴くことで、伝えることがより的確になります。

次に、話をすることにどんな意味があるのかを考えてみましょう。これも3つあると考えています。

1つ目は、話すことで、自分を理解してもらえます。自己表現ができるのです。

2つ目に、自分の中でおさえていた感情を解放することにつながります。「話すは放つ」という言葉もあります。精神的な健康を保つためにはとても大切なことです。感情浄化作用（カタルシス）ともいわれます。

3つ目に、問題を整理して、自分に気づき、自己洞察・自己理解を深め、解決に向かうことができます。

よくよく考えてみますと、聴くことの効果と話すことの意味は、表裏一体の効果というふうに見えます。聴き手と話し手が、二人三脚で関係性を深めるとも考えられます。

❺聴くことの基本前提1：「『話の3要素』から聴く」

聴くスキルを紹介する前に、事前情報として3つほど紹介します。まずは、「話の3要素」です。話をするときにも、もちろん活用できます。

話の3要素とは、「事実」と「気持ち」と「欲求」です。話をしたり聴いたりするときに、この3つを分けてとらえる必要があります。そうすると話がわかりやすく、整理がつきやすくなります。

①事実

最初に事実を正確につかむ、すなわち状況を客観的にとらえ理解する必要があります。

②気持ち

①でつかんだ事実に対して、相手がどのように感じているのか、感情や気持ちを明らかにします。

③欲求

事実があり、その事実に対してある感情や気持ちがあり、さらに「こうしたい」という欲求があるかもしれません。欲求については、まだ考えがそこに至っていないためにはっきりしていないこともよくあります。

❻聴くことの基本前提2：傾聴のための6つの基本的態度

①話し手が言おうとしていることの意味を聴きとる

相手が言わんとしていることを聴こうと努めます。

②聴き手の価値判断を保留しておく

人は頭の中に自分のフィルターを持っています。そのフィルターを通して世界を見ているのです。これは是非善悪の価値判断のフィルターともいえます。その価値判断をいったん置いて、頭をまっさらの状態にして聴きましょう。共感的に聴くといってもよいでしょう。

③早急な結論を出さない

悩んでいる人の頭の中は混乱しています。話を聴くということは、混乱している頭の中を交通整理することです。相手のペースに合わせなければいけません。ですから、まだ相手が納得できていないうちに結論を出すということは、自分中心になっているおそれがあります。

④非言語的な表現にも注意する

気持ちは態度・表情に表れます。ノンバーバル・コミュニケーションです。「目は口ほどにものを言い」という言葉がありますが、これは目が心の状態を表す重要なポイントであることを表現したものです。

また言うことと態度・表情が違うということもあります。悲しい話をしているのに笑顔だったり、全然緊張していないと言っているのに、態度や表情に緊張が表れ、たとえば手が震えているということもあります。話を聴くときには、相手の態度や表情に注意を向けることは非常に大切なのです。

⑤聴き手は話し手の鏡になる

鏡を見ると姿・形がよく見えるのと同様に、話し手が自分の話の内容がよく見えるようにするのが「鏡になる」という意味です。相手は頭の中が混乱しているので相談に来ます。そんなときに聴き手がしっかり聴くと、相談者は自分が悩んでいる問題について整理がついてきます。その問題の解決の方向性が見えてくるのです。

⑥ゆったりと、半歩後からついていく感じで聴く

信頼して何でも話せる人は、ゆったりした雰囲気を持っている人ではないでしょ

うか。話を聴いてもらうときには、引っぱられたり後ろから押されたりする感じの人よりも、脇にいて必要なときに支えてくれる感じの人のほうが話しやすいものです。自分が話を聴くときには心がけたいものです。

以上傾聴のための6つの基本的態度を紹介しました。経験的には、これらの態度は日常のいろいろな場面の中で傾聴することで磨かれてくるのではないかと思います。傾聴を常に意識することが大切です。

❼聴くことの基本前提3：話を聴けないモードに入らないよう要注意

話を聴けない状態にみられる態度や出てくる言葉を紹介します。こんな態度や言葉になるとき、あなたは聴けないモードに入っていますから、要注意です。

①態度

腕組み、横向き、話し手を見ない、煩わしそうに聞く、他のことをしながら聞く

パソコンやスマホの操作をしながら会話をすることが最近多く見受けられます。話を聴くときには、パソコンやスマホを操作したりせず、相手としっかり向き合うことが大切です。

②言葉

相手の話を取る、割り込み、批判や忠告などをする（相手の話を最後まで聴かないうちに）

- 話の腰を折る　「例：そんなことよりさあ」
- 説教モードに入る　「例：そんなこと言ってるから、君はだめなんだよ」
- アドバイスモードに入る　「例：だったら、こうすべきだろ」
- 上からものを言う　「例：仕事なんだから、そんなことは当然だよ」
- 勝手に結論付ける　「例：わかった、それってこういうことだろう」
- 知識をひけらかす　「例：ああ、それなら知ってるよ。～ということだろう」
- 相手の気持ちを否定する　「例：君の考えは間違ってる」
- 結論を迫る　「例：いったい何が言いたいわけ？　はっきり言いなよ」
- 相手をしらけさせる　「例：そんなことは、よくあることよ、考えすぎ」

- 自分の話に持っていく　　「例：おれだったらね、おれに言わせればさー」
- その他の上司がよく使う言葉
　　「いや、それは違う、でもね、しかし、それだけじゃな」

こんな言葉が職場の中で飛び交っているとしたら、職場のメンバーは仕事がしにくいのではないでしょうか。また上司がこんな態度や言葉で関わるとしたら、相談するのは難しいでしょう。

これから、聴くことの基本的なスキルを考えていきましょう。

❽聴くことのスキル

【聴くための関わりの姿勢】

①態度や姿勢

体はリラックスして、ゆったりとします。腕組みしたり、体や脚をゆすったりということはしないようにしましょう。

②視線や表情

相手を凝視しないでやわらかいまなざしを注ぎます。「目は心の窓」といいますが、やさしく自然な表情です。悲しい話や苦しい話には笑顔にならないように注意します。

以上は、ノンバーバル・コミュニケーションです。態度・姿勢・視線・表情で話を聴いているよというサインを出しましょう。視線はとても重要です。人間関係が悪くなると相手の目を見なくなります。

関わりの姿勢は、これから紹介するスキルを使うための一番の基本・土台となるものです。

【うなずき・相づち】

「うなずき」とは、首を縦にふる動作です。「相づち」は「はい」「ええ」などの短い言葉で反応することです。これらは最も基本的な共感を示す反応です。相手の話にうなずいたり相づちを打ったりしながら聴くことで、受容的な雰囲気が生まれてきます。

①うなずき

- 相手の話の内容やテンポに応じてうなずきます。
- 小さく、速めのうなずきは、相手の話を促すのに効果的です。
- 大きくゆっくりうなずくと「あなたの言葉を味わっています」「共感しています」というサインになります。

②相づち

相づちはとても重要です。言い方ひとつで意味まで変わってしまいます。たとえば、「はい」という相づちがありますが、了解しましたという「はい」がありますし、何かに気づいた「はい」もあります。また聞き返す「はい」やわかっているという意味で使う「はい」もあります。使い方には工夫が必要です。

表情豊かな相づちが相手の心に響きます。相づちとは、気持ちが表情になって表れたものだともいわれます。他にも「へえ」「ほう」「なるほど」とかいろいろあります。また積極的に話を促す相づちもあります。たとえば「そうかそうか」「いいねえ」「面白いねえ」「おお、すごいなあ」「それから?」などです。工夫するといろいろ自分のバリエーションがつくれます。工夫してみましょう。

人の心をつかむことのうまい人は、言葉の返し方が上手です。相手の気持ちを引き取って、受け止めて、まずは相づちで返すのです。

【繰り返し】

話を整理しポイントを繰り返すということです。4つほどに分けられます。例を入れながら紹介します。

①そのまま繰り返す

話し手「なんだか不安なんです」

聴き手「なんだか不安」

聴き手は話し手と同じ言葉で返します。「おうむ返し」ともいいます。

②ポイントを繰り返す

話し手「あのときの悔しさを思い出して、仕事もなんだか手につかなくなるんです」

聴き手「あのときの悔しさを思い出してね」

聴き手は話し手の前半の言葉を返しています。前半の言葉を後半より大切と受け取って、こう返したわけです。

③要約して繰り返す

話し手「クレームが発生するたびに徹夜で、それが何日も続いたら、さすがに疲れもピークです」
聴き手「徹夜続きで、疲れもピークなんだね」

要約とは、話のある程度のまとまりを、「あなたは今こんなことを話したんですね」という感じで短くポイントを絞って相手に返すことです。数分の話を要約することもありますし、何十分かの話を要約することもあります。

話を要約されると、話し手が自分が今こんな話をしていたんだと気づくことがよくあります。聴き手にとっても、話を聴くことに集中していないと要約することができません。とても大切なスキルです。

④言い換えて返す

話し手「あきらめというか、そういうもんだと自分を納得させて」
聴き手「しょうがないと自分に言い聞かせるように」

聴き手の言葉で要約します。しかし、聴き手の言葉で返すので、うまく話し手の気持ちとフィットしないこともあります。ですから、話し手が使った言葉で返すことのほうをお勧めします。

以上4つの方法のいずれかで繰り返されることによって、問題が整理されるとともに、自分が見えてくる、自分に気づく、安心と信頼を抱くという効果があります。繰り返しのためには聴き手の集中力が必要です。日ごろ私たちは自分の言いたいことをきちんと整理して話しているかというと、そうでもありません。ですから、聴き手によって要約されると、話し手にとっては自分の話していることを客観的にとらえ、整理することができ、落ち着くという効果があります。

みなさんが、話し手の本当に言いたいことをまとめられたら、みなさんは聴き手として話し手の問題解決の役に立てるのです。これが、先に「傾聴のための6つの基本的態度」で紹介した「聴き手は話し手の鏡になる」ということです。

【明確化と支持】

効果的に使うことであなたの聴き方のスキルに磨きがかかります。

①明確化

話し手の言葉の裏にある気持ちや思いを明確にします。
部下「これは今日中に仕上げないといけませんか?」
上司「そうか、もう一件私が頼んだ案件をかかえていたんだよね」

②支持

相手の考えや行動を支持するということです。前に紹介したストロークです。
部下「自分なりに努力しているつもりです」
上司「その通りだ。よく頑張ってくれているよ」
明確化の対応をされると、本当の自分の気持ちに気づいて意識化するという効果がありま す。また支持されると安心感が得られたり、勇気付けられたりということがあります。

【質問】

効果的な質問は、話を具体化し、深めます。質問を効果的に活用するためには、自分の興味関心だけでつまみ食い的にバラバラな質問をしないように注意することです。

また質問には、「閉ざされた質問（クローズド質問ともいいます）」と「開かれた質問（オープン質問ともいいます）」があります。

「閉ざされた質問」とは、「はい」「いいえ」で答えられる質問のことです。たとえば、「ラーメンは好きですか?」がそうです。

「開かれた質問」とは、相手が自由に答えられる質問のことです。たとえば、「あなたの好きな食べ物を紹介してもらえますか?」がそうです。この質問への答えとしては「そうですね、結構あっさりしたものが好きなので、日本料理、たとえば寿司なんか好きです」などと、答えが広がります。

したがって、話を引き出したいときには「開かれた質問」が効果的です。また、原因を調べるようなときには、「閉ざされた質問」を使って絞り込んでいくことが役立ちます。

話を聴くときには、「閉ざされた質問」と「開かれた質問」の両方をうまく使うと話が明確になることがあります。参考例を紹介します。

上司「ごくろうさま。(⇒支持のストロークです)
あなたの感触としてはどんな感じ？（⇒開かれた質問です)」
部下「少してこずったところもありましたが、なんとかうまくいきそうです！」
上司「大変だったね。(⇒支持のストロークです)
人事部長の○○さんには会えたかな？（⇒閉ざされた質問です)」
部下「はい、○○人事部長も参加してくれました」
上司「それはよかった、反応はどうだった？（⇒開かれた質問です)」
部下「納得されている感じでしたので、大丈夫だと思います」
上司「先日問題になった価格と納期についてうまくいったのかな？（⇒閉ざされた質問です)」
部下「すみません、先に報告すべきでした。価格と納期も了解してもらいました」
質問することで自分に気づき、問題を整理することができます。
さきほど紹介した「話の3要素」からの質問も効果的です。「事実」「気持ち」「欲求」の3つの要素から質問するわけです。

「事実」からの質問：「それについてもう少し詳しく（具体的に）話してくれませんか？」

「気持ち」からの質問：「そのことについてあなたはどう感じていますか？」
「そのことについて君はどう思う？」

「欲求」からの質問：「あなたはどうしたいのですか？」

これらの質問は、日常の会話の中でもいつでも使えます。活用してください。私は、「魔法の質問」と言っています。

以上聴く（傾聴）ためのスキルを紹介してきました。今まで紹介したものは、関わりの姿勢、うなずき・相づち、繰り返し、明確化・支持、質問です。そんなに多くはありません。しかしこれらのスキルを十分に活用して使いこなすことができれば、あなたはとても素晴らしい話の聴けるリーダーになります。そのためには、日常の生活や仕事の場面で意識して練習することです。練習の場はたくさんあります。

【その他の注意事項】

①沈黙への対応

深刻な相談を受けると、沈黙が出ることがあります。では沈黙が出たらどうするか？　基本対応としては、「沈黙は待て」です。話を聴くときの基本として、相手のペースに合わせるということがあります。「待ち上手は聴き上手」という言葉もあります。沈黙は単なる沈黙ではなく意味があります。自分の中であれこれ考えているのです。ですから待ちましょう。長く感じて待てなくなったら、それまでの話のポイントを繰り返してみましょう。アドバイスなどをしてはいけません。

②相手が望むなら、自分の意見を伝える、必要な情報を伝える

「コップの理論」という考え方があります。コップに水がいっぱいに入っていたら、さらにつぎ足そうとしても水はあふれて出てしまいます。心も同じです。心の中に、話したいことがたくさんあったら、アドバイスが入っていく余地はありません。聞ける状態ではないのです。

そんなときは、話を十分に聴くことです。心というコップの中が空になるくらいに話を聴くと、アドバイスも聞けるようになります。相手がアドバイスを求めているのなら、自分の考えを伝えます。

③相談に応じる受け入れ態勢の準備のポイント

職場などで部下や後輩の相談に対応するための受け入れ態勢です。日ごろから気軽に話しかけやすい雰囲気をつくっておくことが大切です。

- 約束の時間の3~5分前には、いったん仕事を中断して聴くモードに入ります。
- 今は「聴く時間」だと割り切り、心の準備をします。そしてとことん聴きます。
- 電話などを取り次がないよう配慮します。携帯などは、マナーモードにしておくか、電源をオフにしておきます。
- メモは用意しておきます。ただし、使うかどうかは相談内容次第です。メモをとられたくないという場合もあるかもしれません。
- 部下の座る場所を確保します。正面より斜め前のほうがリラックスしやすいようです。
- 自分の視線、表情、しぐさ、声など、すべてウェルカムの雰囲気を意識します。
- 相手が緊張しているようなら、まず自分がリラックスしているしぐさを見せることです。

●「上着を脱いだら」と言うなど、相手がリラックスできる工夫をします。

●最初に「いつもご苦労さま」など、ねぎらいの言葉をかけます。また少し雑談したりして心をほぐします。

●時間が限られている場合は、あらかじめ「○分くらいでいいかな」と時間を確認します。

効果的な話の聴き方について紹介してきました。聴くというのは、今まで紹介したことを同時に行うことです。関わりの姿勢をとって、うなずき・相づちそして繰り返しを実践し、時に質問や要約を入れて、聴いていきます。

常に実行せよというのではありません。同僚や部下から相談を受けて、どうしても聴かなくてはならないとき、こんな聴き方が役に立ちます。

通常、上司と部下の話す割合は、「部下1割、上司9割」ともいわれます。これを「部下が8割、上司が2割」に変えてみませんか。日ごろ傾聴を意識していると、確実に「聴き上手」になります。ぜひ役立てていただきたいと思います。

6 コミュニケーション能力を磨くために大切なこと

最後にコミュニケーション能力を磨くために大切なことを8つ挙げて紹介します。この8つのことは、難しいことではありません。ただ、続けることは難しいかもしれません。しかし実践できるようになると、コミュニケーション能力がワンランク以上アップした自分に出会えるはずです。

❶1日10分、意識して周囲といいコミュニケーションをとることを習慣にする

毎日、意識することが大切です。意識するためには、実践する事項を紙に書くということも効果的です。そして、実行できなかった日には、また翌日から続けるのです。三日坊主はOKです。とにかく続けましょう。

❷ほめることを習慣にする

ほめるということは、ストロークのところで説明しました。いい関係をつくりたい相手には関心を持って、「ターゲットストローク」になりそうな、言われたら嬉しいであろうと思われる言葉を伝えてみましょう。トライ&エラーが大切です。

❸素敵な笑顔をつくる

笑顔は最高の贈り物です。なかなか思うように笑顔をつくれない人は、鏡に向かって笑顔をつくる練習をしましょう。顔の筋肉をやわらかくして、笑顔が出るようにします。笑顔を見せるだけでも、いい関係性が広がります。

❹「ありがとう」という言葉が自然に出るようにする

「ありがとう」という言葉は、日本人が最高に好む言葉です。お礼を言うときに「すみません」という言葉を使う人もいますが、私は「ありがとう」という響きが、明るい感じがして好きです。もっとたくさん使ってもいい言葉だと思います。

❺相手のことに関心を持って、名前を呼ぶ

相手のことに関心を持つことは、いい関わりをつくるときの基本です。また人は、親しみを込めて名前を呼んでくれる人に好意と仲間意識を持つといわれます。

「名前は当人にとって最も快い、最も大切な響きを持つ言葉である」

これは世界的に有名なデール・カーネギーの著書『人を動かす』の中に出ている一節です。カーネギーは名前を覚えることの大切さについて語っています。

❻さわやかな挨拶をする

「挨拶」という漢字は仏教用語だそうです。心を開いて相手に迫るという意味があるそうです。挨拶を交わし合うことは、ストローク交換です。挨拶したのに返ってこないと、何か嫌な感じになります。さわやかな挨拶が飛び交う職場にしたいものです。

❼雑談ができるようになる

私は、雑談は職場の潤滑油と考えています。コミュニケーションの一歩は雑談からです。雑談することで、相手のこともよく知ることができます。

相手といい関係になるには、まず相手と共通の話題から入ります。天気、最近のニュース、健康、趣味、仕事などです。趣味は、共通の話題としては最適です。

ただし雑談に身近な人の悪口や陰口を入れることは避けたほうがいいでしょう。気持ちのいい雑談にならないからです。場の空気を和ませるのが雑談の大切な効果です。

また、質問のスキルは会話をはずませるためにとても大切です。開かれた質問を大いに活用しましょう。

❽「他者中心」を意識する

仕事においては、仕事の結果を渡す相手を考えることが大切です。コミュニケーションも相手が主役と考えます。「他者中心」とは、相手の役に立つことを考えるという意味です。「利他心」という言葉もあります。相手の気持ちを満たしてあげることです。ただし、おせっかいにならないように注意することは必要です。

以上、8つの大切なことを紹介しました。他にもあるでしょう。自分で考えて、やってみて、習慣化してみることです。最終的には、意識しなくても、がんばらなくても、自然にできるようにすることが大切です。

第3章

部下育成の基本

この章では、管理職として、業務を通じて部下を育成するうえで知っておきたい事柄について、お話ししたいと思います。

同じ職場であっても、管理職次第で職場の生産性や成果のみならず、職場のメンバーの士気や成長度合いも違ってきます。そして**その違いは、管理職による仕事の割り当てと指導の仕方によって生まれてくるといわれます。**

したがって、管理職として部下を育成していくことの重要性とその方法を理解し実践することがまず第一に大切なのです。

1 部下育成5つのポイント

❶ＯＪＴこそ最大の人材育成の場であると認識する

教育部門のスタッフに人材の教育を任せて、日常業務と切り離された教室での集合研修（ＯＦＦＪＴ）が教育の中心であると誤解している管理職も少なくありませんが、最大の育成の場は、日常の仕事の場そのものであり、そこで部下を育成することは管理職の最も重要な仕事の一つなのです。

❷部下育成ができていないのを忙しさのせいにしない

よく「忙しくて教育どころじゃないよ」などという言葉を聞くことがありますが、それは違います。暇な職場からは人材が輩出されず、忙しい職場から優秀な人材が育ってくることが多いことからもわかります。

忙しい職場にいれば、いろいろな仕事をどううまくこなすか自分で考えないといけないという立場に置かれることがあるからでしょう。自分をやらざるを得ない状況に追い込むことは、自分を成長させる一つのポイントです。そこに、育成の仕組みを計画的に一体化させていくことです。

❸できるだけ本人に考えさせ自分でやらせてみる

仕事の指導は、手取り足取り詳しく教えることではなく、主役である本人に考えさせ、実際にやらせてみることが大切です。覚えの早い人であれば繰り返しの回数を減らすなど、相手の特性に応じて、指導の仕方を考慮するということも必要でしょう。質問を投げながら本人に考えさせることも効果的です。

❹「仕事の割り当て」は慎重に行う

人の育成の最大の決め手は、「仕事の割り当て」です。

では、どのような仕事が、人を伸ばし育てるのでしょうか？

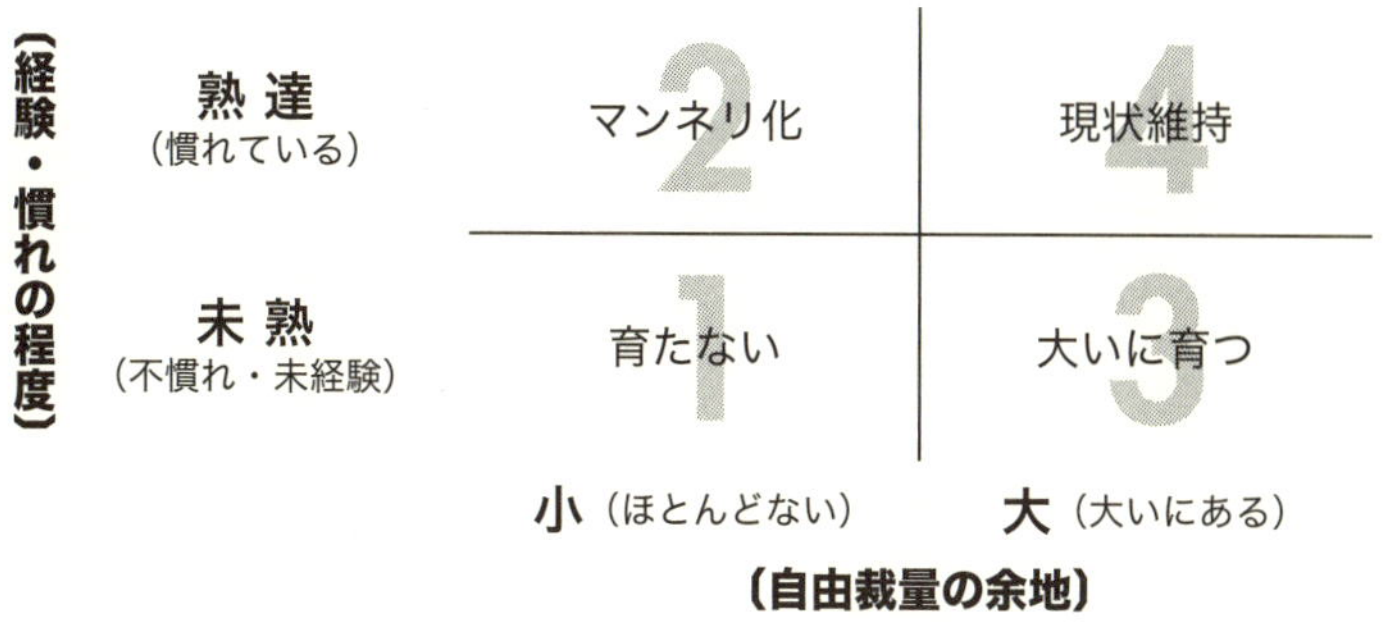

人を伸ばし育てる仕事とは、「勉強になる仕事」すなわち「成長実感のある仕事」です。

では、どのような仕事が、成長実感のある仕事となるのでしょうか?

左の図は、仕事を2つの軸で4つに分けてみたものです。1つの軸は、「経験・慣れの程度」。もう1つの軸は、「自由裁量の余地」です。

この図で見ると、不慣れで未経験の仕事で、かつ自由裁量の余地が大いにある仕事で人は大いに育つ可能性は高いということです。

できる限り責任ある大きな仕事に取り組ませ、それ相応の権限を与えることにより、部下自身に考えさせることによって、部下の創造力を養い、責任感と実行力を育てることができます。

❺責任を持って権限を委譲する

このようにして部下に仕事を任せていくことを「権限委譲」といいます。英語では「エンパワーメント」という言葉で表現します。権限委譲するということは、「目標の設定」や「達成方法」や「必要な資源の調達」について、ある程度部下の考え通りにさせるということでもあります。

部下の育成の上手な上司は、情報をよく流したうえで、責任のある大事な仕事を部下に割り当てます。困ったときには、質問に対して的確に答えます。

反対に部下育成の下手な上司は、権限を独り占めにします。言い換えれば部下に仕事を任せられないのです。

ただし権限委譲で押さえておかなければならないことは、「権限は部下に委譲しても責任は部下に委譲できない」ということです。管理職たる人は、自分の責任の範囲で部下に仕事を任せて、仕事を広げて成果を高めていかなければなりません。

2 何を育成するのか？ 教育の3要素 知識・技能・態度

何を教えるかというときに出てくるのが、この教育の3要素**「知識・技能・態度」**です。必要とされる3要素は、新人レベル、入社数年の若手レベル、中堅レベル、管理者レベルでは、当然違ってきます。

❶知識

その仕事において必要となる知識をいいます。基礎領域、専門領域、応用領域などに分けることができます。社会人としての基本的なマナーから、経営戦略、会計知識、問題解決技法などの一般的な知識、業界業種特有の知識まで、レベルによって異なります。

❷技能

最近は、英語の「スキル」という言葉が使用されることが多いようです。新人なら、ちゃんと報告できる・連絡できる・相談できるという行動をさします。営業なら、実際に営業行為ができて、実績を上げられる技術が重要です。知っていることではなく、「できる」ことが問われるのです。

❸態度

自分の仕事の経験と知識に基づいて、自ら考えて仕事をする姿勢のことで、人材育成のいちばんのベースとなります。たとえば、「原価意識を持て」とか「当事者意識を持て」、「管理職は経営者マインドを持て」というような使い方もします。

この3つについて、次のページに図示してみました。氷山のように、水面下の部分に知識・技能・態度があります。そしてその上に行動があります。仕事の中でとれる行動です。

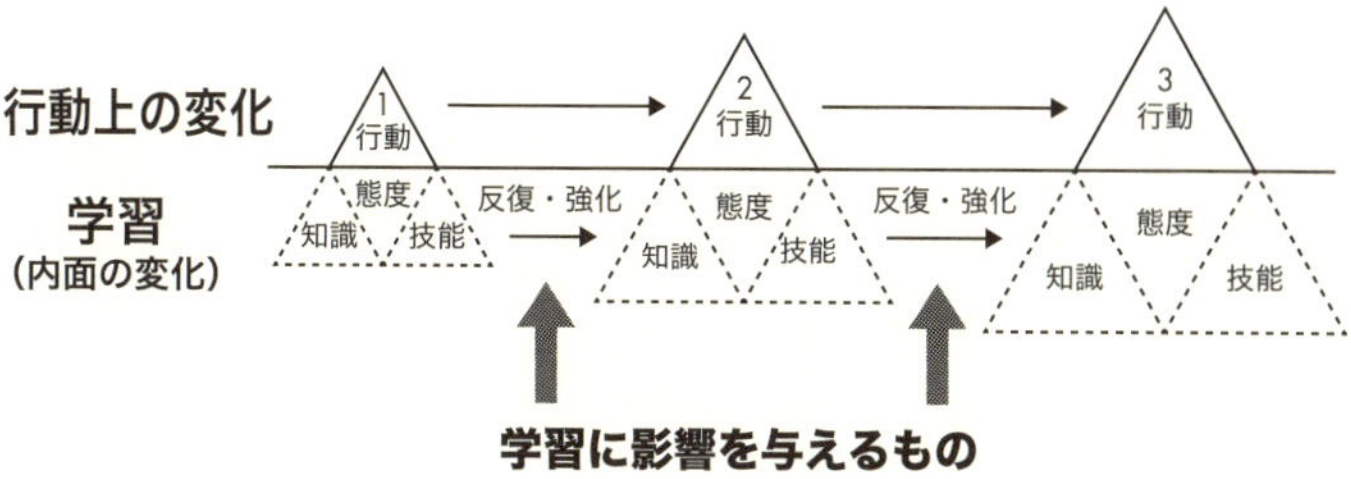

やる…自分で実際にやってみる、やるよう指導を受ける

きく…きいてみる、注意を受ける、ほめられる

読む…本や専門誌を読む、読むよう指導する

みる…他の人のやり方を見習う、叱られたり、ほめられたりしているのを見る

学びの方法

知識・技能・態度が大きくなれば、仕事の中でとれる行動も大きくなります。さらにはその行動の結果として成果も出てきます。

三角形が大きくなるということは、何らかの学習の結果ということになります。そしてその学習は、やったり、聞いたり、読んだり、見たりという学びの方法を実践した結果なのです。

3 一人ひとりの育成計画を立てる

血の通った部下育成を行うために、まず考えなければいけないことは、**「一人ひとりの部下をどのような方向で伸ばしていけば、本人をさらに伸ばすことにつながるか」**ということです。

育成の基本的な方向としては、

教育ニーズ（教育必要点）＝「ありたい能力（目標とする能力）」－「現状の能力」

ということで考えます。これが育成目標になり、さらに育成計画につながります。

育成目標は、目安として1年以内のものを年度目標、3年までのものを中期目標、5年までのものを長期目標として考えるのが一般的でしたが、今のように変化の激しいときには、中期目標や長期目標は、変わってくるものもあると想定しておく必要があるでしょう。

4 OJTの基本を身につける

OJTとは、On the Job Training の頭文字をとったもので、仕事を通じての教育訓練のことです。計画的な育成と日常接触の場での育成の両方があって、本来どちらも欠かせないのですが、最近は、計画的なOJTがなかなか行われなくなっています。実施しづらくなっているといったほうがいいのでしょうか。

1つは、環境の変化が速く、仕事自体も変わるため、上司が教えられなくなっていること。パソコンを使っての仕事などは、仕事が見えにくいので、上司がわからないということが多々あります。

2つ目に、上司の指導・教える力が弱くなっていること。かといって、上司の背中を見て学ぶようなことも少なくなっています。

部下本人が、上司を信頼し、学んでみようと思わない限り、また仕事を通じて自分自身を成長させようと思わない限り、なかなか効果的なOJTは実現しないでしょう。

そのため、**「部下の育成とは、部下の意欲付けである」**ということもよく言われるところです。

人は、基本的には、自分を成長させたいと考えています。また上司が自分を成長させてくれることを求めています。この上司は、自分の人間性を尊重して、自分を成長させてくれる、自分の能力を最大限に引き出してくれる、自分の将来を切り開くサポートをしてくれるということが部下に伝わると、部下のやる気は高まります。そして部下が成長の実感を感じ始めると、上司と部下の信頼関係のパイプも太くなっていきます。

こんな言葉もあります。「部下が覚えていないのは自分が教えなかったのだ」という言葉です。少々変な日本語ではありますが、初めて聞いたときになるほどと思ったものです。なんであいつは覚えないんだ、とぼやくよりも、俺が結局教えてなかったんだなと考えた方が合理的です。

では、これから、効果的に部下を指導し、部下のやる気を高め、育成していくための、計画的なＯＪＴの方法をご紹介しましょう。

(1) OJTの基本ステップ

❶教育ニーズを把握する

教育ニーズとは何だと思いますか?

現在の仕事や本来の仕事を考えたときのありたい能力に照らして不足している知識、技能、態度などが教育ニーズになります。

いくつか出てきたら、さらにその中から絞り込んで、重点項目を1つ選びます。

教育ニーズを見つけるうえで基本となるのは、**「日常の仕事の中での部下に対する観察」**です。常に部下に関心を持ちながら観察して、本人の強み・弱みをしっかり把握することが重要です。

❷目標レベルを設定する

目標といったときには、必ず「何を(目標項目)」「どれだけ(期待水準)」「いつまでに（期限・納期）」の3つが含まれます。私は、これを目標の3点セットと言っています。

人材育成の目標の場合、「どのような能力を、どのレベルまで、いつまでに向上させる」ということになります。

たとえば、「〇〇業務を、6か月後に、だれの力も借りずに一人でできるレベルまで、向上する」という具合です。期限は、原則として6か月。状況によっては、3か月や1年とすることもあります。

❸育成計画の話し合い

部下からの自己啓発目標と上司からの期待や育成目標をすり合わせて、お互いの合意のうえで育成計画を作成します。目標を達成するための方法を具体化したものであり、部下のレベルや職場の実情に合わせて個別に作成します。

また部下を育成するにあたって、仕事のやり方や職場風土などの職場環境を改善する必要が出てくることがあります。職場環境の改善は、職場の生産性向上や、職場の活性化にはいいチャンスです。部下の育成と並行して進めましょう。

部下育成計画書

対象者			職位		現職経験年数	年　月	担当	
現在の状況	（強み）				（弱み）			
育成の目標	（今後３年間の目標）				（今後１年間の重点目標）			
重点目標への対応	ねらい							
	施策							
	進め方							

計画を立てるときのポイントは、あまり細かくせずに、大まかな項目を設定するレベルにとどめることです。上に例を載せました。

❹指導育成を実施する

育成計画書に基づいて指導を実施します。手段や方法・方策は柔軟に対応しましょう。しかし期限内に実施することは重視しましょう。

目標や上司がやるべきことは上司がしっかり押さえ、手段や方法・方策は、できるだけ部下本人の主体性に任せるのがうまくいくコツです。

❺結果を検討する

上司と部下がともに努力してきたプロセスを話し合い、達成感、成長感を味わうことで、上司と部下の一体感をつくります。それが上司と部下の信頼関係になっていきます。

話し合いの内容は、

- 目標の達成状況の確認と反省
- 実施予定の項目でできたもの・できなかったものとその理由
- 実施上の問題点

●新たに出てきた教育ニーズ

部下との話し合いを定期的に持ちます。少なくとも月に1回、理想的には、週に1回はやりたいところです。成果の把握は期間終了時のみに行うのではなく、期間中においても進捗状況を部下と話し合い、必要であれば、計画を修正していくためです。

❻評価への反映とフォローアップ

ＯＪＴによる能力開発は人事考課との関連付けが大切です。どのような能力を、どのレベルまで、いつまでに育成するかという「能力目標」を人事評価項目の中に取り入れます。

人事考課の目標に自分の成長の目標が入ることで、部下の意欲付けにつながります。結果としての成果だけでなく、仕事のプロセスも大切にするという考え方が浸透し、「能力開発」と「人事考課」と「目標による管理」が連動した仕組みが出来上がってきます。

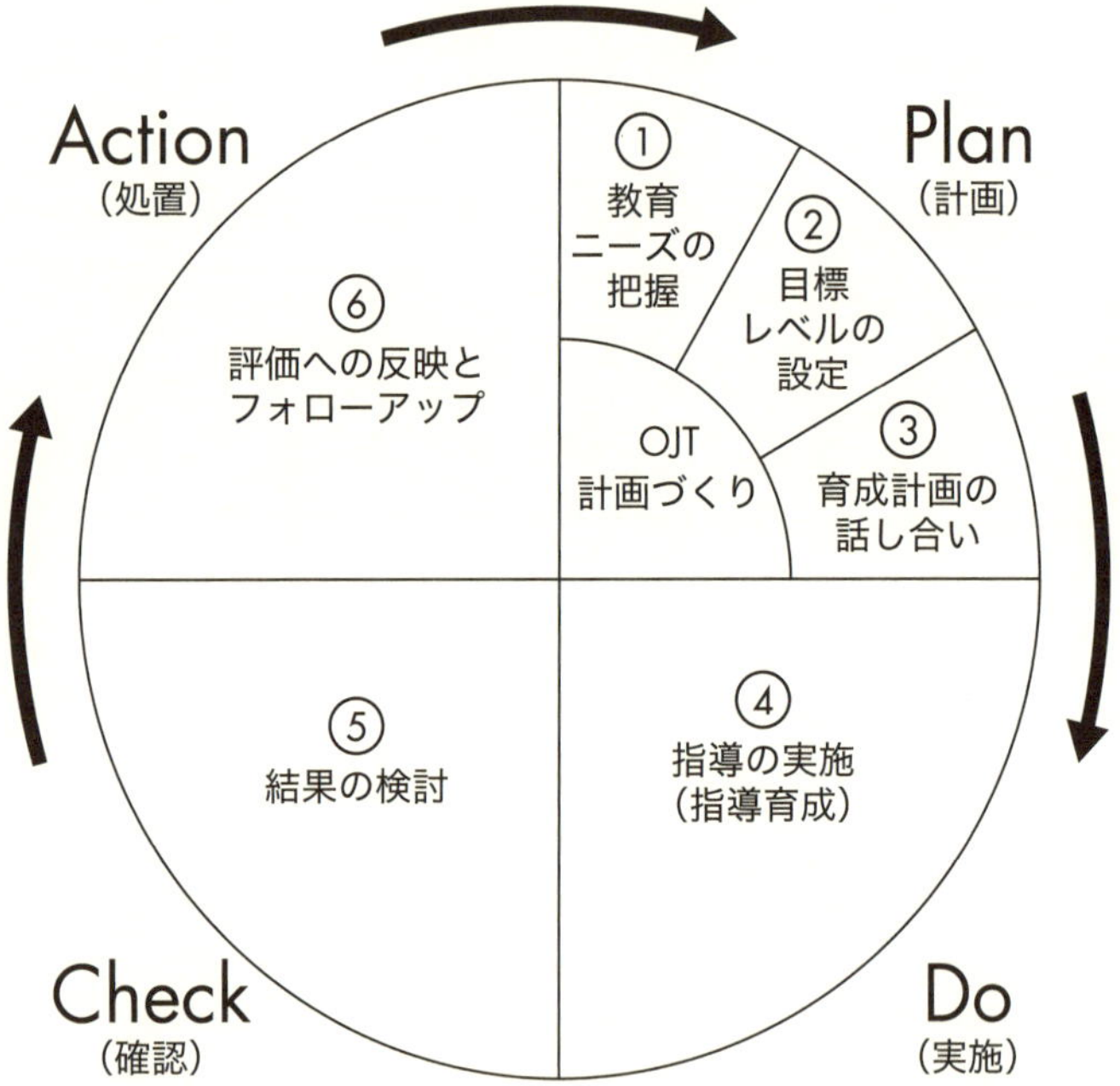
Action
（処置）
Plan
（計画）
Do
（実施）
Check
（確認）
OJT
計画づくり
①
教育
ニーズの
把握
②
目標
レベルの
設定
③
育成計画の
話し合い
④
指導の実施
（指導育成）
⑤
結果の検討
⑥
評価への反映と
フォローアップ

(2) OJTにおける「仕事の教え方」

「教え方の4段階」という考え方があります。「教える定石」です。教え方の基本です。どんな仕事を教えるにもこの教え方の基本が必要です。この「教え方の4段階」を理解していたほうがうまく教えられるということです。

大きく分けると、
- 第1段階「習う準備をさせる」
- 第2段階「仕事を説明し、やってみせる」
- 第3段階「やらせてみる」
- 第4段階「教えた後をみる」

という4段階です。

その前に、次のような教える前の用意も必要です。

A　教育訓練予定表をつくる

「ＯＪＴの基本ステップ」で紹介した「育成計画書」に基づいた育成目標をさらに具体的にした計画を立てます。基本的には、前月末に当月の１か月の予定を作成します。

B　教える仕事を分解して、マニュアル化する

まずは、教える仕事の全体像を整理します。さらにその仕事の目的を明記します。そして教える仕事を主なステップに分解してみます。さらにステップごとに、勘所・急所・コツがあれば、それを明記します。マニュアルは、最初から完璧を目指すのではなく、どんどん書き換えていくつもりでいればよいでしょう。

C　教えるために必要なものを用意する

その仕事を教えるのに必要な設備や材料や資料を用意します。また教える場所によって考慮すべきことがないか確認します。たとえばその仕事を行う場所が、事務所の自分の席か会議室か現場かということによっても考慮することがあるかもしれません。自分の席であれば、外部からの電話があるかもしれません。会議室であれば、静かですが自分の席のように自由にいろいろな資料が取り出せないかもしれません。

第1段階「習う準備をさせる」

1. リラックスさせる

本人がリラックスして集中して仕事が学べるような状態にすること。世間話や興味関心のある話をしたり、日ごろの仕事ぶりに対して感謝の言葉を伝えたりしてもよいでしょう。

2. 仕事の概要を伝え、やる気になってもらう

これからやる仕事の全体像を話します。どのような仕事か、またその目的はどんなことか、その中であなたがやる仕事はこの部分だ、というその仕事の位置付けや重要性を話します。重要性を理解することは、その仕事に対して誇りを持つことにつながります。

第2段階「仕事を説明し、やってみせる」

1. 主なステップを説明する

たとえば、「この作業には、主なステップが6つあります。まず1つ目のステップは、

～」というように、仕事の主要な手順を言って聞かせ、実際にやってみせ、必要に応じて書いてみせます。ここで効果的に説明するには、視覚と聴覚の両方に働きかけることです。

2．もう一度説明しながら、勘所・急所・コツを説明する

今度は、もう一度説明しながら、勘所・急所・コツを強調します。必要に応じて繰り返すこと。経験者や理解の早い人であれば、2回で済むかもしれませんが、そうでなければ4回かかるかもしれません。理解しているかどうかを確認し、質問も受けます。

大切なことは、根気よくやることと、相手の理解する能力以上に強制しないことです。

第3段階「やらせてみる」

いよいよ「やらせてみて、間違いを直す」段階です。まずは、黙ってやらせます。忘れたり、間違ったりしたときには、仕事を止めて、やってみせ、言って聞かせ、もう一度やってもらいます。

一通りできるようになったら、今度は主なステップを言いながらやってもらいます。次に、主なステップと勘所・急所・コツを言いながらやってもらいます。できたら、さらに主なステップと勘所・急所・コツとその理由を言いながらやってもらいます。

第4段階「教えたあとをみる」

第3段階までできたら、まずは仕事についてもらうことです。そのときにどれだけの仕事をどれだけの時間で行うのかも伝えます。わからないことが出たときには、必要に応じて、隣の人や、指導した人に聞くようにはっきり伝えておくこと。指導した人がいないときには、代わりの人を指名しておく必要もあります。

多くの新人は質問することを躊躇します。特に周りが忙しく仕事をしていると、質問がしづらくなります。**指導した人は、定期的に声をかけて何か質問はないか確認し、質問を奨励します。**

そして指導を受けた人が慣れるにしたがって、チェックの回数も減らし、フォローの段階を終え一区切りつけます。

	教え方の4段階	指導のプロセス（リーダー）	学習のプロセス（部下）
第1段階	習う準備をさせる	• 意欲を持って仕事をスムーズに習得できる環境をつくる	• 自分のやるべき仕事が明確になる
第2段階	仕事を説明し、やってみせる	• 相手の反応をよく観察しておく • 質問して相手の率直な感想を引き出す • 主なステップごとにはっきりと簡潔に話す	• どう進めるのがいいか考える • 理解しづらいところはないか自分の中で確認する
第3段階	やらせてみる	• できるまで繰り返し根気よくやらせる • うまくできたところは、大いにほめる • どのようにやっているかをよく観察する • 必ず主なステップと勘所・急所・コツを段階を追って説明させる	• いいと思った通りにやってみる • 仕事をやってみて、やりづらいところはないか • 自分の感覚と違うところがわかる
第4段階	教えた後をみる	• 仕事をやれるようになってからも、時々やっているところをみて、感想を聞き、必要であれば助言する • 中間報告や結果の報告をさせる	• 自分の改善すべき点に気づく • 勘所・急所・コツの意味がわかる • 繰り返しやってみて、あいまいになっているところはないか

(3) 教えるときの留意点

上手な教え方のコツをご紹介します。

❶相手のレベルに合わせて

新入社員を教えるのであれば、自分が新入社員であったときの先輩の指導を思い起こしてみましょう。相手の目線を意識することが必要です。

❷一時に一事

いっぺんにいくつものことを教えると教えられる側は消化不良になることもありますし、教える側もしっかり教えられない場合もあります。急がず整理して、1つずつ教えましょう。

❸事前に手順を整理して、一つひとつ区切って

「教え方の4段階」の第2段階「仕事を説明し、やってみせる」では、事前準備が大切です。その場で思いついて言い換えたり補足したりすると、教えられるほうも混乱します。

❹既知から未知へ

相手が知っていることから、知らないことへ結びつけながら、教えていきます。知っているか知らないかは、質問しながら確認します。以前に教えたことであれば、質問することは復習になります。

❺「～してはいけない」ではなく、「どうすればよいか」を教える

あれしちゃいけない、これしちゃいけないという禁止事項ばかりでは、息が詰まってしまいます。そしてどうすればいいのかわかりません。ですから、こんなときには

こうしようと、どう行動したらいいかを教えます。

❻はじめは急がず正確に

最初は慣れないので、相手のできるペースでゆっくりと指導します。慣れてくれば、速くできるようになります。最初は正確にできるようにすることが大切です。

❼職場の専門用語・現場用語には注意する

慣れた職場にいると、職場の専門用語・現場用語を当たり前に使います。むしろ使わないと会話が不便に感じたりします。しかしその職場が初めての新人にとっては、専門用語や現場用語が入ると話がわからなかったりして疎外感を感じることもあります。また新人はわからない専門用語や現場用語について質問しづらかったりします。

❽「勘所・急所・コツ」の根拠も教える

「勘所・急所・コツ」は「教え方の4段階」で出てきましたが、その仕事の中での「勘所・急所・コツ」がなぜそうなのかということを伝えることは、仕事の本質の理解を深めるのに役立ちますし、改善にも役立ちます。

❾期待レベル、標準・基準を明確に示す

期待レベルや標準・基準がわかると、自分がやっているレベルがわかるので、励みになります。自分の仕事を振り返るよいきっかけになるのです。

＊「山本五十六」の言葉

以下は、第2次世界大戦のときの海軍の責任者であった山本五十六氏の言葉です。とても語呂がよく人を教えるポイントが書かれています。江戸時代の米沢藩の藩主上杉鷹山から影響を受けているといわれます。

やって見せ　言って聞かせて
させて見て　ほめてやらねば
人は動かじ
やっている姿を感謝で見守って
信頼せねば人は実らず
話し合い　耳を傾け　承認し
任せてやらねば人は育たず

山本五十六

5 部下のやる気を高めるために リーダーがなすべきこと

自分はどんなことでやる気になるのか、考えたことがありますか？

社員をどうやったらやる気にさせられるかは、経営者やリーダーの方々が日々考えていることです。そして、多くの心理学者、経営学者たちのテーマともなってきました。

第5章でご紹介するいくつかの動機付け理論などをもとに、リーダーの部下指導という観点から最低限知っておきたい、部下のやる気を促進させるいくつかのポイントをご紹介します。

❶部下に関心を持つ

当たり前のことのようですが、日ごろから部下に関心を持つことです。たとえば、部下の誕生日がわかりますか？　また部下の個人的なことをどのくらい知っていますか？

最近は個人情報に関することについてはあまり聞けないから、個人的なことはよく知らないというリーダーの方が多くなっているようにも感じます。

けれども、職場においては、互いの間に信頼関係をつくることがとても大切であり、信頼関係があれば、互いの個人的なこともお互いに話すのではないでしょうか。そこに関係性の深まりがあるとも思います。

部下の側から見れば、上司が自分に関心を持ってくれているということがわかって不快に感じることはありません。

❷「目的・目標」を明確にする

人の成長には目標が不可欠です。目標を明確にすることで、力を集中すべきところが明確になります。集団であれば、集団のベクトルをそろえることにつながります。バラバラであった力がそろってくるのです。

また自分たちが何のためにやっているのかがはっきりしてきます。それは、使命感にもつながります。

仕事の目的があって、そこから適切な目標ができます。

さらに、目標ができると、5W1H、すなわち、WHY（なぜやるのか）、WHO（だれがやるのか）、WHAT（何をやるのか）、WHERE（どこでやるのか）、WHEN（いつやるのか）、HOW（どのようにやるのか）が具体的に明確になってきます。

上司は、関連する情報も整理して与えます。部下は目標・5W1Hが明確になると行動が変わってきます。

❸権限を明確にして、権限委譲を拡大する

さきほどもふれましたが、権限委譲を拡大することは、やる気の促進につながります。

図のように職務と権限と責任は三位一体といわれます。権限委譲を拡大するということは、仕事を任された部下の側から言えば、責任を持って仕事をしますよということを了解したということです。

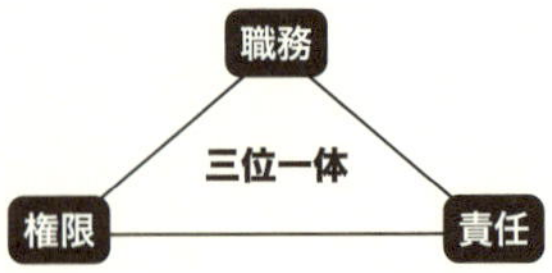

上司は仕事を丸投げするのではなく、必要に応じて部下をサポートします。それが権限委譲で大切なところです。

❹よく「聴く」

効果的な話の聴き方について書くと一冊の本になります。そのくらいリーダーには、「聴く」ということが大切です。しっかり聴かないと、部下が何を考え何を感じているのかわかりません。

ここでいう「きく」とは、「聞く」ではなく「聴く」です。「聞く」とは、言っていることを聞く、自然と聞こえてくるという感じ、英語でいうと「hear」です。これに対し、「聴く」とは、相手がまだ言葉にしていない言わんとしていることまで聴くという感じ、英語では「listen」になります。

聴くうえで、最も重要なのは、聴き手の姿勢や心構えです。

❺自ら背中で模範を示す

子供は親の背中を見て育つといいます。指導されていなくても、一緒にいて、親がやっていること・言っていることを見聞きしているとおのずと親のように行動するようになるということです。「学ぶ」という代わりに「まねぶ」ということもあります。仕事においても上司や先輩は部下や後輩の模範になるわけです。このことを役割を担うモデルということで「ロール・モデル」という言い方もします。

❻自助努力への援助を惜しまない

上司が部下をサポートするとき、重要なことは、何でもかんでも手取り足取り手助けするのではないということ。基本は、部下が自分で問題解決するということです。主役は部下なのです。その主役が自分でやるのを、できないときに支えてあげるのが基本です。自主性の芽を育てながら、手助けします。

部下は、時に援助してもらいつつも、自分で考え、試行錯誤しながらやりとげるということで、達成感も出てきますし、仕事の面白みを感じるようになります。

❼公正な評価を行う

評価を行うときには、しっかりと事実をつかみます。「事実に基づいて」というところが大切なところです。半年とか一年という期間の中での評価ということになると記憶がはっきりしなくなるものですから、仕事の中で、いつどのような事実があったのか、うまくできたところ、できなかったところ、強みを発揮したところ、弱みが出てしまったところなど、記録しておくことです。

ここは人事評価につながるところですが、人事評価で大切なところは、2つあります。

1つは、もちろん処遇に反映するということ。もう1つが、人材の育成に反映するということです。その部下の強みや改善の必要な弱みを話し合いの中で育成につなげるのです。育成につなげる人事評価です。

❽部下を主役にする

部下を成長させようと思ったら、部下を主役にしないといけません。ところが、上司が主役になっていることがあります。部下が相談事をしたら、話を聴かずに延々とアドバイスを始めて、終わったら上司がいいアドバイスができたと自己満足するだけということが、結構あります。

また部下に仕事を任せず、自分がやったほうが早いと結局自分がやってしまって部下が置き去りになってしまうということもあります。これでは部下が育ちません。

6 リーダーが知っておくべき上手なほめ方・叱り方

❶ほめるということ

コミュニケーションや人間関係において「ほめる」ことの重要性を理解するには、第2章の「コミュニケーションの基本」でも紹介した「ストローク」という考え方が役に立ちます。重要なので、復習のためにもう一度紹介します。

ストロークとは、「相手の存在を認めるための働きかけ」のことをいいます。つまり、私たちの言動のすべてです。分類の仕方として、「肯定的なプラスのストローク」と「否定的なマイナスのストローク」という分け方や、「肉体的ストローク」と「心理的ストローク」という分け方があります。

また「相手の存在や価値を軽視したり無視したりする」ことを「ディスカウント」という言い方をします。

	相手の存在や価値を認める働きかけ		相手の存在や価値を軽視したり無視したりする
	肯定的なストローク	否定的なストローク	ディスカウント
肉体的ストローク（肌のふれあい）	なでる・さする・抱く・キスする・ほほずり・手をつなぐ・手を握る・握手・スクラムをくむ	叩く	殴る・打つ・蹴る・髪をひっぱる・つねる・しばりつける・押す・投げ飛ばす・おさえる
心理的ストローク（心のふれあい）	ほめる・勇気づける・励ます・微笑む・うなずく・挨拶する・信頼する・聴く	叱る・注意・忠告・反対する	皮肉・いやみ・にらむ・けなす・おせっかい・嘲笑・冷笑・目をそらす・顔をしかめる
	※やる気・元気・意欲がわいてくる	※相手のためを思ってやる辛口のストローク	※全く無いよりましだが、不愉快になる

それを整理したものが次の表です（63ページと同じ表を再掲します）。

いい人間関係を築くためには、相手が欲しがっている肯定的なストロークを与えることが大切です。肯定的なプラスのストロークとは、相手をほめるような肯定的な言動になるでしょう。また相手から肯定的なストロークが来たときには、それを素直に受け取ることが大切です。そのことを「肯定的な（プラスの）ストローク交換」といいます。

信頼関係は、この肯定的なプラスのストローク交換の中で築かれていきます。

相手がもらって最高に嬉しいストロークのことを「ターゲットストローク」と

いいます。自分がとても気に入っている持ち味や、一生懸命に努力しているところが、ターゲットストロークになる可能性があります。

信頼関係をつくるためには、実は、相手のターゲットストロークをつかむことが重要です。だれでもほめられれば嬉しいものですが、特に自分が持ち味だと思っていることをほめられると、相手が自分のことをよく見てくれているのだと感じます。

つまり、**ターゲットストロークを与えるには、日ごろから相手の言動に関心を持つことが大切だということです。**

そして、肯定的なストロークは出し惜しみしないこと。肯定的なストロークを周囲の人に積極的に与えることで、返ってくることが多くなるということもよくいわれるところです。ただし、単なるお世辞やおだてと、肯定的なストロークは似て非なるものです。おだてやお世辞は、部下を育てません。ちなみに「傾聴」が最大のストロークだといわれます。

❷注意するということ

人間はだれでも、失敗や間違いをします。失敗体験から学ぶこともたくさんあります。部下が職場の人や協力会社やお客様に迷惑や被害を与えたり、特に事故や災害を起こすおそれのある行動をしたりした際には、きちんと注意を与える必要があります。

新入社員や若手社員は、失敗や間違いをすることもよくあります。行動を軌道修正する必要が生まれてくることもあるでしょう。つまり、注意を与えることが必要になってくるのです。

時には、相手のためを思って叱ることも出てくるかもしれません。相手のためを思って強く注意することを「叱る」といいます。しかし、相手との信頼関係ができていないと、相手のためを思って叱ったにもかかわらず、怒ったと勘違いされることがあります。「怒る」とは、感情を爆発させて腹を立てることです。怒ることとの最大のリスクは、相手との信頼関係が崩れ、以後の育成が困難になることですから、気をつけたいところです。

そこで、注意する際のポイントを8つ紹介します。

①できるだけすぐにその現場で注意する。
②どのような事実がまずかったのかを指摘する。
③率直に、簡潔に注意すること。
④恥をかいたという思いをさせないようにする。
⑤何が間違っているか、そしてどうすればよいかを教える。
⑥相手の成長を願って、そして相手を信頼して、思いやりを持って伝える。
⑦必要に応じて、事前に失敗や間違いの「事実とその原因」をよく確認する。
⑧上司である自分の側に何か問題がなかったかをいま一度確認する。

繰り返しますと、相手に関心を持って、相手との信頼関係をつくるよう、日ごろから意識していることが大切です。

7 学びの風土づくり

学びの風土などというと大げさな感じがしますが、リーダーや管理者といわれる人は、自分がいなくなったときのことも考えておく必要があります。自分はしっかりやっていたが、自分が異動でいなくなった途端にやっていたことが崩れてしまったのでは、何をやっていたんだろうということになります。

リーダーは、リーダーシップという影響力を発揮して仕事をします。そのとき、下の人たちが、ただ単に言われたことをやって、なぜそのようにするのかということを理解していないのだとすると、そのやり方は、リーダーがいなくなった瞬間にすぐに崩れます。

なぜそのようにするのかということの本質的なところまで、リーダーが熱意を持って話をしていると、その精神が関係者に伝わるようになります。そして職場の仕事のあらゆるところにその精神が浸透してゆきます。その精神こそが風土です。

リーダーが自ら自分を磨くことを日々やって、部下たちにも自分を磨くことを求める。すると職場全体で、目に見えて一人ひとりの力に磨きがかかってきます。

リーダーが自ら、自己啓発を行い、部下が自己啓発を行うことを尊重すると、職場全員が相互啓発するようになっていきます。新しく入ってきた社員もそれに感化されるようになります。

「朱に交われば赤くなる」という言葉があります。社員が、みな自分を磨くことで能力を高め、相互啓発して、いい仕事をしようという風土のある職場に入れば、みな成長志向に感化されるのです。

配属になった職場の影響は大きいものです。さらに言えば、その職場のリーダーの考え方の影響は大きいものです。

リーダーには、職場全員がお互いに切磋琢磨し学び合う職場風土をつくる責任もあるのです。

第4章

リーダーシップを磨く11の視点

リーダーシップを磨くために必要な11の視点

リーダーとして成長するためには、どんなことをしたらいいのか？

この章では、私自身もリーダーとして自分自身を磨くことをあれこれやってきた経験とリーダーの育成の仕事に関わってくる中で学んだことを整理しました。

そしてリーダーが磨くべき11の視点をまとめました。

❶自分の役割を考える
❷目標を設定する
❸キャリア的視点からリーダーシップを磨く
❹コミュニケーション能力を磨く
❺問題解決能力を磨く
❻専門能力を磨く

❼よき仕事経験を積み上げる
❽人的ネットワークを構築する
❾よき行動は習慣化する
❿自分を知る
⓫人間力を磨く

一つひとつの項目が、互いに関連し合いながら、リーダーとして成長することの「肥料」になります。リーダーが自分で自分に肥料を与えることが基本です。「リーダーになるんだ」という意欲を持つことが大切です。

では、それぞれの項目を見ていきましょう。

❶自分の役割を考える

あなたは、自分の役割をどのように考えていますか?「はじめに」でも紹介しましたが、自分の人生を考えるうえでも、仕事を考えるうえでも、自分の役割とは何かを考えることは非常に重要なことです。

では、役割とは何でしょう？　私はそれを、「周囲の人々から自分に寄せられる期待の総和」と考えています。人は社会的な動物だといわれます。社会的な動物とは、人と関わり合って生きている存在だということです。一人で生きているわけではないということです。その人間関係の中から出てくるものが、役割というものではないでしょうか。

ですから、自分の都合だけ考えていては、なかなか役割は明確になりません。役割は周囲の人々のことを考えるところから出てくるものです。つまり、自分と関わっている人々の期待を考えることが大切です。

周囲の人々の期待というのは明確にしにくいものですが、明確にするために2つの努力をする必要があります。1つは、相手と自分の置かれている状況をもう一度よく確認すること。もう1つは、相手も自分も満足する自分の行動は何かを考えることです。私はこのことを「役割の創造」と呼んでいます。基本的には、自分の役割は自分で考えるということです。

自分の役割を大きくとらえるか小さくとらえるかによって、10年後、20年後に実現する人生・仕事が違ってきます。

では、リーダーの役割についてはどうでしょうか？

リーダーの置かれた状況において変わってくる役割もあるでしょうし、どの仕事・職場においても変わらない役割もあるでしょう。「方向性を示す」「部下を育成する」「職場を活性化する」などは、共通するものであり、「新しい商品を開発する」「持っている技術を伝承する」などは、置かれた状況によっては、非常に重要な役割になります。

リーダーの役割とは、リーダーが自分自身に与える意味付けにほかなりません。

❷目標を設定する

さきほど出てきた「方向性を示す」ということです。方向性は、「方針」とか「目標」とか「計画」という言葉で表現されます。

「方針」とは、目標と方策を合わせて方向性を示したもの。

「目標」とは、「何を・どれだけ・いつまでに」達成するのかを指します。「計画」は、目標を達成するために、だれがどんなことをいつまでにやるかまで、方策レベルで具体化したものです。

ここでは、「方向性を示す」と表現するよりも、「目標を設定する」としたほうが、具体的でわかりやすいように思いますので、「目標を設定する」としました。

人は目標があると、自分の持っているものをその目標に集中させて走り出せます。適切な目標を設定し、その実現に向けて努力すると、大きく成長できます。成長には目標が不可欠なのです。目標には自分の持っている能力を集中し、高める効果があります。すなわち、潜在的な能力を顕在化する力があるのです。

「SMART」という言葉があります。「SMARTの法則」ともいわれ、目標を設定するときに意識しておきたい「適切な目標の条件」です。

S：Specific

「明確な、具体的、わかりやすい」目標ということです。さらに「5W1H」

（「WHO：誰が」「WHAT：何を」「WHEN：いつ」「WHERE：どこで」「WHY：なぜ」「HOW：どのように」）の観点から目標を考えてみると、目標が具体的になります。

M：Measurable

「測定可能な」目標ということです。定性的な目標ではなく、定量的な目標ということ。達成されたかどうかが、測定できるような目標とする工夫が必要です。

A：Attainable

「実現可能な、達成可能な、やりたくなる」目標ということです。目標が努力もなく簡単に達成できるものであっても、逆に、とても達成できない、絶対無理なものであっても、意欲はかき立てられません。なんとか努力して頑張って達成できる、という目標に、人は意欲をかき立てられます。

R：Realistic

この仕事の目標としてふさわしい目標かどうか、仕事の方向性に沿った目標になっているかということです。

T：Time-bound

「達成期限が明確な」目標ということです。さきほど紹介した、「何を・どれだけ・

いつまでに」の「いつまでに」になります。仕事には納期はつきものです。適切な目標が設定できたときはしっくり感があり、「よしやるぞ」という感じが出てきます。そして達成するために何が必要か、やるべきことは何かがはっきりします。すると行動がとりやすくなるのです。

❸キャリア的視点からリーダーシップを磨く

キャリアというとどんなことをイメージしますか？　多くの方は、職業とか職歴のことをイメージするようですが、今は、人生全体を指す場合も少なくなく、私は、それを自分なりに「自分の持てる能力を最大限に磨き育てることを通した、自分らしい生き方・働き方」というように考えています。

リーダーには、自分の人生や仕事をどのようにやっていくかという観点、すなわち自分の人生・仕事に対するビジョンのようなものが必要です。

自分の人生や仕事に対する方向性や思いのようなものがあって初めて、周囲に対してどのようにリーダーシップを発揮していくのかが決まってきます。

キャリアとリーダーシップは、いわば車の両輪です（キャリアとリーダーシップが今どのように研究されているかについては、第5章で紹介します）。

＊＊＊

次に紹介する「コミュニケーション能力」と「問題解決能力」と「専門能力」は、リーダーがリーダーシップを発揮するときに必要とされる3つの能力です。

❹コミュニケーション能力を磨く

コミュニケーションとは何でしょう？　コミュニケーションという言葉はもう日本語になっていますので、改めてコミュニケーションとは何ですかと言われると、とまどってしまうかもしれません。第2章「コミュニケーションの基本」でもお話ししましたように、私は、「よき人間関係をつくる能力」または「人と関わる能力」と紹介します。

もう少し具体的に説明すると、2つの意味合いがあります。

1つは、言葉や言葉以外の態度や表情によって、情報や考えや感情を「やりとりする」過程です。もう1つは、互いの間に情報や考えや感情の共有性という信頼関係をつくり上げていく、ということです。

「やりとり」とは、「伝える」（発信する）と「聞く」（受信する）です。ですからコミュニケーション能力を磨くということは、「伝える力」を磨くことと「聴く」力を磨くことです。コミュニケーション能力は、経験の中で磨かれていきますが、若いときに効果的なコミュニケーションの基本を学んでおくべきではないかと思います。このため、リーダー研修では、プログラムの中に必ず「効果的なコミュニケーションの基本」のセッションを入れます。そうすると、もっと若いときに受けたかったという感想が多く寄せられます。

何事も基本は大切です。早い時期に基本を学んでおくことは、どんな領域においても大切なことでしょう。

❺問題解決能力を磨く

仕事とは要するに、問題解決である、といわれます。私たちの仕事は問題解決の連続です。繰り返し作業であっても、その中では判断を繰り返しながら行っています。

方針を立てたり、目標を設定したりすることや戦略策定・意思決定・戦略実行するマネジメントも、問題解決能力の一つです。

問題解決の基本的な考え方や、問題解決のステップ、問題解決手法の概要は、第1章で取り上げていますが、実際には、実践の仕事の中で学ぶ必要があります。仕事の中で問題解決を経験することが必要なのです。

❻専門能力を磨く

専門能力とは、自分が関わる業種や職種の専門分野の仕事の能力をいいます。どこまでが自分の専門領域かは結構あいまいです。ですから自分なりに自分の専門領域を整理することも必要ですし、その専門領域の中で自分の得意なところやよく知らないところも把握する必要があります。得意なところはさらに磨いて強み・持ち味として、よく知らないところは補強することが必要です。

専門能力は専門知識と専門技能に分けることができます。専門知識とは、その知識を「わかる」というもの。専門技能とは、その技能を「できる」というもの。

さらに専門知識を、業務遂行のための基礎的な能力と実践・応用の能力に分けることもできます。

また、専門知識も専門技能も、どこの組織・企業にも共通するものとその組織・企業固有のものに分けることもできます。その領域のプロということなら、どこでも通用する知識と技能が必要です。

そこで「T型人材」ということがあります。T型人材とは、ある一つの専門分野の能力（知識と技能）を有して、それ以外の幅広い知識・視野の広さも併せ持っている人材のことです。Tの横の棒を幅広い知識、縦の棒を専門能力として表して、「T型人材」と呼んでいます。

最近では、「T型人材」をさらに進化させた「Π（パイ）型人材」、すなわち2つの専門能力を有し、全体も見渡せる視野の広さを併せ持った人材が話題になっています。個人的な観点から見ても、「Π型人材」は、希少価値が高く、優位性も高いと考えられます。

ちなみにある特定の専門能力を持ったスペシャリストのことを「I型人材」といいます。自分の専門領域を深く学んでいくと、自然とその周辺領域は広がってくるということもいえます。

❼よき仕事経験を積み上げる

ここで、社会人になってからこれまでの自分の成長をちょっと振り返ってみてください。何が自分の成長に一番影響を与えたと思われますか?

人は経験から学ぶといわれます。良質の仕事経験を持つことが大切です。では、良質の仕事経験とはどんなことでしょうか?

私はそれを、自分の成長の糧になるような経験ととらえています。良質の仕事経験には、成功経験もあれば失敗経験もあります。成功したがゆえに自分の成長に大きくつながったこともあれば、うまくいかなかったがゆえにいろいろな発見に目を見開かされて、大きく飛躍するきっかけになったこともあるはずです。はっきりしていることは、私たちは、仕事を通じて社会人としてまた企業人として大きく成長してきているということです。

リーダーとして大きく飛躍するためには、修羅場の経験が必要だといわれます。人はどうしていいかわからなくなるギリギリのところで何とか踏ん張ってやり抜いた経験からいろいろなことを学びます。そのような経験が、その人の自信になり、その人を人間的にひとまわりもふたまわりも大きく成長・飛躍させます。

ある程度経験を積んだときに、それまでの経験を整理して、これからのことを考える研修を受講することも必要です。自分のキャリアを考える研修です。年齢や昇進・昇格や異動などの仕事上の変化や個人的な変化があったときには、その変化を節目ととらえて、歩んできた道を整理して、今自分が立っている地点を確認したうえで、これからを考えることは、リーダーにとってとても大切なことです。

これからの方向性が明確になり、それが仕事をするうえでのエネルギーとなるからです。

❽人的ネットワークを構築する

あなたには、社内・社外に自分の仕事に協力してくれる人が何人くらいいますか？

仕事をするうえで、社内・社外に人的ネットワークを持つことは、仕事が広がり、好循環で回ることにつながります。いろいろな人からいろいろなことを学ぶことで、視野も拡大します。自分の成長にプラスの影響があります。また、このことだったらあの人に聞こうという知恵袋になってくれます。

社内であれば、自部門内・自職場内でいい関係をつくりましょう。上司・部下といい関係をつくりましょう。上司・部下とのいい関係はあなたの強みになります。他部門の方とも知り合うと、自分の知らないいろいろな情報を教えてもらうことができます。

社外の方とどのように知り合うかですが、まずは、自分と同じような仕事をしている人の集まりがあったら出席してみることです。自分の仕事の視野を広げるのに役立ちます。異業種交流会に出てみるのもよいでしょう。いろいろな仕事をしている人が、集まる情報交換の場です。

仕事の観点から、人的なネットワークを広げることの大切さをお話ししましたが、ここで大切なことは、いろいろな人と信頼関係を構築することです。仕事上の利害関係を超え、仕事以外においても楽しく語り合える関係をつくることです。

有意義な人生・豊かな人生は、人との関わりの中でつくられます。

❾よき行動は習慣化する

人間が成長するためには、行動を変える必要も出てきます。行動を変えるのは容易ではありませんが、自分の中のリーダーシップを開発するためには、新たに身につけるリーダーシップ行動が必要になってきます。そのためには、まずは意識して行動を変え、やがて意識しなくても行動できるように習慣化していくことが大切です。

とはいえ、新しい習慣を身につけようとしても続かないことが多いものです。なぜ続かないのか？　習慣化するための効果的な原理・原則を理解していないことも、その理由の一つです。私自身、30代のころから習慣化についてはあれこれ試行錯誤しました。

ここでは、「習慣化の実践」について経験的に学んだことを3つ紹介します。

「習慣化の実践」の1つ目は、自分の生活・仕事の時間の使い方を把握することです。まず生活・仕事の時間の使い方の記録をつけてみましょう。習慣化と関係がないように思いますが、1か月つけてみると、自分の生活・仕事の時間の使い方での改善点が見えてきます。必ず発見することがあります。自分の時間の使い方の改善点こそが、あなたの習慣化すべきことです。それが、リーダーのリーダーシップ行動の改善になります。

P・ドラッカーは、『プロフェッショナルの条件』の中で、「すべてのマネジメントは時間管理から始まる」と言っています。そのために「時間の使い方を記録して、分析しなさい」とも言っています。

生活・仕事の時間の使い方を記録にとるときは、たとえば、「睡眠時間、仕事時間（定時＋残業時間＋通勤時間）、生活時間（食事、風呂、トイレ、家事、掃除）、習慣の時間（学習・勉強、家族団らんなど）」といった具合に時間を分類して、1か月記録をとります。必要であれば、仕事時間の仕事の内訳もとります。時間の把握から改善点が見えてきます。

「習慣化の実践」の2つ目は、改善点を習慣化の観点から洗い出してみることです。

そのとき、たとえば、

運動に関すること、

睡眠・食生活・健康に関すること、

精神・思考に関すること、

自分の成長に関すること、
人間関係に関すること、
お金に関すること、
時間に関すること、
整理整頓に関すること、
その他

という観点から分類して、習慣化の項目を洗い出して表にしてみます。その中からまずやってみたいことを3つ選びます。3つ同時にやってもいいですし、1つをまずやってもいいと思います。1か月間できたかできなかったかを○×で記録をとってみましょう。成果を見えるようにするのがコツです。

そしてこの実践の過程で、工夫やちょっとしたコツを知っていると楽にできるということがあります。それが「習慣化の実践」の3つ目で、「習慣化の工夫やコツを知る」ということです。

たとえば、楽にできる習慣から始めてみることはとてもよい方法です。人は小さな達成感を得ることで、自分にはやりとげる力があるという自信がつきます。

また、身につけたい習慣をやらざるを得ない状況に自分を追い込む、という方法もあります。

生活・仕事の土台となる習慣には、大きな変化を生む力がありますし、大きな成長にもつながります。また習慣それぞれが触発し合って相乗効果を生みます。

⑩自分を知る

プロフェッショナルといわれるリーダーに共通している特質が一つあります。それは、客観的に自分を見つめることができるということです。自分をよく知っているということです。

孫子の兵法（謀攻編）に「彼を知り己を知れば、百戦して危うからず」とあります。また英国の歴史学者トインビーは「現代人はどんなことでも知っている。ただ自分のことを知らないだけだ」と言っています。自分を知るということはとても大切なことです。

では、どのように自分を知るかですが、すでに紹介したように、人間は人と関わり合いながら生きる存在です。ということは、自分を知るということは、自分がどのように他者と関わっているのかを知るということです。

そうしますと、自分を知るということは、他者を知ることにつながるということにもなります。自分を知って他者を知ることが、相互理解を深め合い、さらには信頼関係を構築します。

ヒューマン・アセスメントという手法があります。リーダーの能力が仕事においてどのように発揮されているかを多面的・客観的に把握するための方法です。研修の中で行われることが多いのですが、アセッサーといわれる観察者が、リーダーにいろいろな演習をやってもらい、その結果や過程の観察から本人の能力特性を把握するものです。アセッサーは、研修中にリーダーが個人で考察して書いたものや、グループでの話し合いや発表の言動の観察を通じて、評価項目にそって把握します。

研修に参加したリーダーは、研修の中でマネジメントやリーダーシップの疑似体験ができ、自分自身の強み・弱みについての大きな気づきを得ることにつながります。

企業においては、このヒューマン・アセスメントを、昇格時の評価に活用しているところもありますが、重要なことは、リーダーの能力開発につなげるところです。自分では見えていない能力を発見するところです。そして強みであれば、さらにそこを磨き、弱みであれば、補強するわけです。

リーダーであることを期待される人は、客観的に自分の能力特性を把握する機会があったら、ぜひ積極的に活用していただきたいものです。

⓫人間力を磨く

仕事において、リーダーが成長して成果を上げるためには、最終的に、抽象的な言葉ですが、「人間力」を磨くということを基本にすえておく必要があると思います。リーダーシップとも大いに関係があると思われます。リーダーとしての影響力を広げようとしたら、「人間力」というその人らしい魅力がものをいうのではないでしょうか。

２００３年に経済財政諮問会議において発案され内閣府を担当部局として成立した「人間力戦略研究会」というプロジェクトがありました。その報告書には、「人間力」について「社会を構成し運営するとともに、自立した一人の人間として力強く生きていくための総合的な力」という定義があります。非常に抽象的であいまいな定義ですが、私たちのそれぞれがイメージする「人間力」には、何か共通しているものがあるように思えます。

海外では「人間力」をどうとらえているのでしょうか。英語では、「人間力」にうまく対比する適切な言葉が見当たりません。あえて挙げるなら、ドラッカーのいう「INTEGRITY」でしょうか。日本語では、誠実とか正直とか高潔という意味に訳されます。

私自身は、人間の行動というものが、人間の思考から出てくるものであることから、行動を起こそうとする人間の意志や思考と行動がリーダーシップであり、魅力あるリーダーシップが人間力である、というように考えています。

この定義には疑問を感じても、リーダーに人間力が必要であるということを否定する人はいないでしょう。一人ひとりが「人間力」について自分なりの持論を持っていくことが大切ではないでしょうか。

リーダーのリーダーシップを開発するために必要なことを、以上11の項目で、紹介しました。

第5章

リーダーが知っておきたい理論

1 実際に役に立つのがよい理論

リーダーには、自分の人生は自分で切り開いていくという姿勢が必要です。そうした姿勢を持つためには、先人が切り開いてくれた、リーダーが成長するために役立つ理論を学ぶことも重要です。理論的なことを学ぶことは、自分のリーダーとしての哲学をつくることに役立ちます。

神戸大学の金井壽宏教授は、リーダーシップが身につくのは、座学ではなく、部下や関係者を動かして、リーダーシップを発揮する仕事というキャリアの場面においてであり、その意味で、リーダーシップ開発とキャリア発達は車の両輪をなす、と言っておられます。

私自身、実務家として、さまざまな理論を学びながら経験を重ね、リーダーの育成に関わってきた中で、リーダーシップの理論とキャリアの理論は、リーダーの育成の場にも、私自身の成長においても、非常に有益であったと感じています。

社会心理学の父と呼ばれたクルト・レビンは、**役立つのがよい理論**だと言っています。優れた理論というのは、経営や私たちの仕事・実務に生かせる理論のことなのです。

ここでは4つの観点から、リーダーの成長に生かせる、リーダーに理解してほしい理論を紹介したいと思います。すべての理論を網羅することはできないということをご承知おきください。

1つ目は、リーダーシップに関する理論。
2つ目は、動機付けに関する理論。
3つ目は、経験学習に関する理論。
4つ目は、キャリアに関する理論です。

順に見ていきましょう。

2 リーダーシップに関する理論

リーダーシップについては、学者から実務家、スポーツ界、教育界まで、さまざまな方々が持論を展開しています。歴史的にも、キリスト教の『聖書』や孔子の『論語』、プラトンの『国家篇』、マキャベリの『君主論』などは、優れたリーダー論とも言えそうです。

ここでは、第二次世界大戦後のさまざまなリーダーシップ研究の中から、リーダーの育成のために重要だと思われる「リーダーシップ行動論」と「リーダーシップ開発論」を中心に、「リーダーシップ特性論」「リーダーシップ条件適応理論」「変革型リーダーシップ論」の5つをご紹介します。

優れたリーダーはどのような行動をとるのか。優れたリーダーを育成するには、リーダーの行動をどう変革したらいいのか。そんな観点から、お読みいただければと思います。

❶リーダーシップ特性論

「リーダーシップ特性論」とは、「優れたリーダーには共通する特性がある」という前提で、歴史上優れた業績を残したリーダーの特性を明らかにしようとする、リーダーシップにおける古典的な理論のひとつです。プラトンの『国家篇』やマキャベリの『君主論』なども特性論のひとつと考えられます。

優れたリーダーに共通する身体的な特性や性格的な特性、もしくは行動的な特性に関する研究で、要は、「リーダーは生まれながらの特性を持つ」という考え方が前提となっています。

代表的な研究に、ストッグディルの特性論がありますが、ストッグディル自身、特性の定義や測定方法や因果関係をはっきりさせられず、リーダーシップ特性論の限界を宣言しています。研究が進むにつれて、身体・性格・知能などの個人的資質による差を具体的に見つけることが困難になっていったということです。

やがて特性論は、外見的な資質よりむしろ、具体的な行動に着目するようになり、次に述べる「リーダーシップ行動論」へとつながっていきます。

ただ、この古めかしい感のある「リーダーシップ特性論」が近年、一部で再評価されていて、特に、偉大な指導者に特徴的な「カリスマ」の研究が注目を集めています。

❷リーダーシップ行動論

リーダーシップ特性論に対する反動的な立場で、リーダーの行動スタイルからリーダーシップをとらえようとするのが「リーダーシップ行動論」です。

1940年代後半、戦後のアメリカにおいて多数のリーダーを発掘・育成する必要性から「リーダーのリーダーたる行動がある」という前提に立って、有能なリーダーとそうでないリーダーを区別する行動を発見しようとしたのです。

リーダーとは先天的な天賦の才ではなく、「リーダーとは後天的につくられるものである」という考え方を前提にしているところが「特性論」との大きな違いです。

リーダーシップ行動論の大きな特徴は、2つの点にまとめることができます。

1つは、リーダーシップの機能を「課題（仕事）の達成に直結した行動」と「人間関係に配慮する行動」の2つの機能で説明しているところです。

何らかの課題を達成することを目指した集団が成り立つためには、

1　実際に課題が達成されていくという行動
2　集団を維持するために人間関係に配慮するという行動

の2つが必要である、という考え方です。

もう1つは、課題達成行動軸と人間関係配慮軸の2つの軸でともに高いスコアを示すリーダーシップ行動のスタイルが、最も普遍的に有効なスタイルである、としている点です。

この2つの軸の考え方は、単純なだけに時代を貫く非常に深い原理のように思われます。

リーダーシップ行動論の一連の研究は、1970年代までに主な研究が出そろい、その後のリーダーシップ研究にも大いに影響を与えています。

代表的な研究としては、オハイオ研究、アイオワ研究、ミシガン研究、マネジリアル・グリッド理論、PM理論などがあります。ここでは、オハイオ研究、マネジリアル・グリッド理論の概要を紹介し、最後に、日本人の社会心理学者の三隅二不二氏が提唱したPM理論を少し詳しく紹介します。

①オハイオ研究

リーダーシップ行動論の研究アプローチで先駆的業績を上げたのが、1940年代後半にオハイオ州立大学で開始された研究です。心理学者シャートルらが中心になって、リーダーの行動を測定する信頼できる尺度を作成することを主眼に、リーダー行動を詳細に記述した質問紙を使って調査を行いました。そして、「構造づくり」と「配慮」という2つの軸にリーダーシップ行動が集約できることを明らかにしました。

1963年に開発されたLBDQⅦという質問紙は、合わせて100項目12次元で構成されています。「構造づくり」と「配慮」という2つの軸と測定尺度をはっきりさせた米国での代表的な研究です。

②マネジリアル・グリッド理論

マネジリアル・グリッド理論とは、1964年にブレイクとムートンによって提唱されたリーダーの分類で、リーダーシップの行動スタイルを、「人間に対する関心」「業績に対する関心」という2つの軸それぞれ9段階に分け、ここでできる計81の格子(グリッド)をマネジリアル・グリッドと称して、典型的な5つのリーダーシップ類型(1・1型、1・9型、9・1型、9・9型、5・5型)に分類しました。

1・1型：生産にも人間にも無関心な放任型リーダー
1・9型：生産を犠牲にしても人間への関心が高い人情型リーダー
9・1型：人間を犠牲にしても生産最大化への関心が高い権力型リーダー
9・9型：生産にも人間にも最大の関心を示す理想型リーダー
5・5型：生産にも人間にもほどほどの関心を示す妥協型リーダー

当然と言えば当然ですが、この類型の中では9・9型が最も理想的なリーダーの類型であるとブレイクらは主張しています。

③PM理論

前述のように、PM理論とは日本の社会心理学者の三隅二不二氏が提唱した理論で、リーダーシップの行動特性を明らかにするものです。

そもそもPM理論の端緒となった問題意識は、集団においてメンバーがどのような心理的法則に基づいて行動するのか、という集団力学（グループダイナミックスといいます）の観点から、リーダーシップをとらえてみることにありました。

そのためにまず、集団が発展するために求められる機能とは何かを考えると、それはP機能、すなわちPerformance（目標達成機能）とM機能、すなわちMaintenance（集団維持機能）の2つで構成されるとしました。

P機能とは、集団が発展するために集団が掲げる目的の達成およびそれに関連する課題を解決していく機能のことです。集団には、目標達成に向けて一歩でも前に事を進めていくP機能が備わっています。

では、この集団のP機能を充足するためのリーダーシップ行動、すなわち、集団の目標達成を促進する行動としてはどんなものがあるかというと、具体的には、目標達成に向けて計画を立てる、立案した計画を遂行するために指示を出す、規則の順守を徹底する、期限を設定する、といったことが挙げられます。

M機能とは、集団を維持する機能のことです。M機能を充足するためのリーダー

		P機能	
		低い	高い
M機能	高い	pM領域	PM領域
	低い	pm領域	Pm領域

シップ行動としては、集団を維持するための行動、具体的には、メンバー間の葛藤や緊張を緩和する、各メンバーに対して個々の自主性を尊重する、メンバー間の相互の協力関係を促進する、といったことが行われます。

三隅先生は、目標設定と計画立案、メンバーへの指示などにより目標を達成するP機能と、メンバー間の人間関係を良好に保ち、集団のまとまりを維持するM機能の2つの機能・能力の大小によって、4つのリーダーシップのタイプを提示しました。

それが、PM型、Pm型、pM型、pm型の4つです。そしてPとMがともに高いタイプのPM型のリーダーシップが最も望ましいとしています。

このアプローチでは、集団がカギになっており、PもMも集団の機能として定義されています。集団がうまく機能するには、P機能とM機能が必要であり、その中心になるのがリーダーです。そしてそのリーダーに必要となるものが、P機能（行動）とM機能（行動）です。4つのタイプをもう少し詳しく紹介します。

●PM型：PもMもともに大きいタイプ

目標を明確に示し成果を上げられるとともに集団をまとめる力もある理想型で、最も望ましいタイプです。

P行動としては、的確な指示やアドバイス、さらにはフィードバックをきちんと実践できるということがあげられます。集団としての活動のレベルを高めて、目標の達成に邁進するリーダーです。

M行動としては、メンバーの気持ちをおもんばかったり、フォローしたり、親身になって悩みを聞いたりできるということがあげられます。メンバーとの絆を強め、集団としての一体感を醸成し、仕事ができて、部下の気持ちもわかるリーダーです。

●Pm型：Pが大きく、mが小さいタイプ

目標を明確に示して成果を上げますが、集団をまとめる力が弱いタイプです。成果は上げるが、人望がないタイプでしょうか。

メンバーには、多かれ少なかれ何らかのプレッシャーをかけます。メンバーへの指示命令に偏る傾向があります。短期的に見れば一定の成果を上げる可能性がありますが、中長期的に見れば、メンバーにとっては常にプレッシャーをかけられている状態なので、結果としてモチベーションの低下を招きます。

●pM型：pが小さく、Mが大きいタイプ

集団をまとめる力はありますが、成果を上げる力は弱いタイプです。人望はあるが、仕事はいまひとつというタイプでしょうか。集団の活動水準を一定に保つためにメンバーへの気づかいや配慮に重点を置いたリーダーシップ・スタイルです。

集団が新たな方向へ踏み出すときやこれまでと全く質の異なる課題に直面しているときなどは、明確な方針を出す必要があります。そのようなときは、人間関係の維持だけでは十分にカバーできないということが出てきます。

●pm型：pが小さく、mも小さいタイプ

成果を上げる力も集団をまとめる力も弱く、リーダー不適格のタイプです。あえていえば放任主義型のリーダーシップ・スタイルといえましょう。

さきほど紹介した「オハイオ研究」は、リーダーシップ行動論の中でも特にPM理論と共通するところがあります。

「オハイオ研究」の2つの軸の1つである「構造づくり」は、組織の目的を実現するための方針を打ち出し、具体的な指示を出し、評価するという課題関連の行動特性であり、PM理論の2つの軸の1つ「P機能」に該当します。

「オハイオ研究」のもう1つの軸の「配慮」は、メンバーに対する気づかい、悩みの相談、ストレスの緩和といった人間関係関連の行動特性で、PM理論のM機能に該当します。

「オハイオ研究」での「構造づくり」と「配慮」が両方高いリーダーが最もリーダーシップを発揮するという結論は、PM理論でいうところのP機能とM機能が両方高いPM型のリーダーが最もリーダーシップを発揮するということに通じます。

アメリカ発のオハイオ研究と日本発のPM理論に共通する部分が多いということは、仕事・課題関連と人間関係関連からなるリーダーシップの2つの軸の行動特性に、相当の普遍性があることを示していると考えてよいでしょう。

これは後述する、コッターの「変革型リーダーシップ論」に受け継がれます。コッターはリーダーの行動として、課題（アジェンダ）の設定（仕事・課題関連）と人脈（ネットワーク）づくり（人間関係）の必要性を指摘しています。最新の変革型リーダーシップ理論にも、根底のところで、この2つの軸があるのです。

さらに大きくとらえればこの2つの軸は、社会の制度・仕組みと人間のありようという枠組みを表しているとも言えるでしょう。

❸リーダーシップ条件適応理論

1960年代の終わりごろから発展してきたリーダーシップ理論のひとつの潮流で、すべての状況に適応されうる唯一最善の普遍的なリーダーシップ・スタイルは存在しない、という考えに基づいて、リーダーの特性や行動と状況の関係を明らかにしようとしました。

ある状況のもとでは、あるリーダーシップ・スタイルが適切だったが、他の状況においては、より適切な異なったリーダーシップ・スタイルが存在するという考え方のことです。

つまり、**リーダーの行動の効果は、状況に応じて変化する**という立場に立ち、どのような条件で効果があるのか、その理由は何かを解明しようとするモデルです。

代表的な理論としては、フィードラーのコンティンジェンシー理論、ハウスのパス・ゴール理論、ハーシーとブランチャードのＳＬ（Situational Leadership）理論があります。

❹変革型リーダーシップ理論

変革型リーダーシップ理論とは、１９８０年代に大きく広がってきたリーダーシップ理論の潮流のひとつで、現在、最も活発な議論が行われています。

初期のリーダーシップ研究では、リーダーがメンバーに対して、今ある状況で、仕事を効率よくこなして生産性を上げるために働きかけることに主眼が置かれていました。しかし、１９７０年代後半から経済状況が大きく変化し、たとえば、米国企業は日本企業の台頭により経営が脅かされる事態に陥り、組織の抜本的な見直しを余儀なくされました。

この時代は、リーダーシップ研究のひとつのターニングポイントになったといえます。

つまり、日常業務における生産性・効率性を追求するリーダーシップから、**組織変革を実現し、メンバーの意識改革を促す**変革型リーダーシップに議論の焦点がシフトしていったのです。

これまでのリーダーシップ論で明らかにできなかった課題、すなわち大規模な環境変化に対して組織全体としてどのように対処するべきかが求められるようになりました。これまでの小集団単位中心のリーダーシップ研究の限界が見えてきたのです。

また組織が成長を続けるための組織変革の必要性が広く認識されるようになったことも挙げられます。そこで組織をいかに変革させるかという議論に注目が集まり、その結果、変革に導くリーダーの役割が強く求められるようになったともいえます。

代表的な理論としては、コッターのリーダーシップ論やティシーの現状変革型リーダー論などが挙げられますが、ここでは、コッターのリーダーシップ論を簡単に紹介します。

役割を担っていようといまいと、組織をまとめる人の行動がリーダーシップですが、そのカギは、まとめる側よりまとめられる側にあると、コッターは言います（まとめられる側をフォロワーと呼びます）。すなわち**リーダーシップの本質とは、フォロワーが組織の目的に対して貢献しようとして積極的に意識を変化させること**だというのです。

具体的にどのようにして意識の変化を促すのかということで、2つのポイントを導き出しています。1つは、「課題（アジェンダ）の設定」であり、もう1つは、「人脈（ネットワーク）づくり」です。「人脈づくり」とは、「課題」の達成のために、上司や部下という直接的な関係の人だけでなく、経営幹部や他部門の社員、さらには社外の協力会社など相互協力関係にあるさまざまな人と通じることです。

さらにコッターは、変革を成功させるために次の8段階のプロセスによって実行していくのが望ましいとしました。

第1ステップ：緊急課題であるという認識の徹底

第2ステップ：強力な推進チームの結成
第3ステップ：ビジョンの策定
第4ステップ：ビジョンの伝達
第5ステップ：社員のビジョン実現へのサポート
第6ステップ：短期的成果を上げるための計画策定・実行
第7ステップ：改善成果の定着とさらなる変革の実現
第8ステップ：新しいアプローチの定着

変革を起こすためには、組織内外にいる多くの人とコミュニケーションを交わし、関係を維持しなければなりません。その意味で、リーダーは対人関係能力の高いことが求められるとされています。また変革を起こそうという強烈なエネルギーがないと、組織を率いてビジョンを達成することはできないとも主張しています。

さらに、こうした対人態度と高いエネルギーレベルというリーダーとしての能力は、子供時代、仕事の経験、所属した組織の文化などに大きく影響されるとしています。

❺リーダーシップ開発論

これまでは、リーダーシップそのものに焦点を当てて、リーダーシップにはどのような類型があるのか、リーダーはどのような状況でどのような行動をとるべきなのかという研究理論を紹介してきました。

これらに対し、リーダーシップ開発論というのは、リーダーシップを組織においてどのように育てていくべきかについて焦点を当てた理論です。リーダーとなる人には知っておいてほしいと思います。この本の主題と共通するところもあり、私自身にも大いに参考になりました。

この研究を中心になって推し進めたのは、南カリフォルニア大学のマッコール。さまざまな研究を通じて、マッコールが着目したのは、「**成功したリーダーは、経験を通じて一皮むけて大きく成長している**」という事実でした。つまり、成功したリーダーは、もともとの素質によってそうなったのではなく、仕事を経験し、そこから学ぶことによって大きく成長していた、ということです。

マッコールは「ハイ・フライヤー」という著書の中で、主張を3つに集約しています。

(a)リーダーシップ能力は学習できるものである。
(b)人材開発を支援する環境づくりが企業の競争優位性を築く。
(c)リーダーシップ開発は、リーダーの責任である。

またマッコールは、リーダー選抜にあたっては、その人の過去の実績より、その人に経験から教訓を学び取る学習能力があるかどうか、という視点が重要だとしました。「逆境、困難な課題、フラストレーション、苦闘が人を変えることができる」のであり、将来リーダーとして大きく飛躍してもらうためには、実績を残すに至った過程で、どれだけ教訓を学び取っているかということが重要である、としたのです。

では、リーダー候補者が、適切な経験を積むことができる環境とはどのようなものか？　それを整えるには以下の３つのポイントが不可欠であるとされます。

(a)事業戦略に「リーダーシップ開発」を盛り込み、トップの理解を得る。
(b)「一皮むける経験」が得られる職務を明確にし、提供する。

(c)職務遂行に際し、適切な支援を準備する。

まず第1に、リーダーシップ開発に取り組むことが、企業としての競争優位性を高めるということをトップに理解してもらうことです。

リーダーシップ開発には一定の時間がかかります。短期的な業績だけではなく、中長期的な経営戦略としてリーダーシップ開発を盛り込んでもらうように働きかけ、トップのお墨付きをもらうことが重要です。

第2に、選抜した人材に必要な経験と職務を洗い出し、その職務に就いてもらうことです。

第3に、対象者が経験を通じて適切に学習していけるように、支援体制を構築していくことです。

支援体制には、定期的に経験をふりかえる内省の場をつくったり、経営者や人事担当者によるコーチングを実施したり、対象者が適切に学習できるように彼らの上司に働きかける、などの方法が考えられます。対象者が視野の狭い職務に埋没せず、広い視野を持って職務を経験し学習できることが必要です。

3 経験学習に関する理論

リーダーシップ理論の最後に、リーダーシップ開発論を紹介しました。そこでここでは、リーダーシップ開発論と関連する、リーダーシップを発揮する経験と学習に関する研究と理論を紹介します。

リーダーシップの開発においては、仕事の経験に焦点を当てて、実際の仕事経験のデータからリーダーシップの開発に重要な要素を抽出するという研究が行われています。また後ほど紹介するキャリア理論でも、学習に焦点が当たっています。

そこでここでは、経験学習の理論を紹介しながら「経験からいかに学習して、いかに成長につなげるか、またさらに研修の場をいかに良質の経験の場にするか」ということを考えてみたいと思います。

❶16の成長を促す経験

リーダーシップ開発論で紹介したマッコールは、大手企業に勤務し成功している上級管理職191名にインタビュー調査を実施しました。

「あなたの管理職としてのキャリアを振り返って、管理職としてのあなたの能力を変化させた出来事（イベント）やエピソードを少なくとも3つ思い起こしてください。そのときにどんなことが起こりましたか。またそれを通して、何を学びましたか」という質問です。

その結果を、616個の経験とそれに対応する1547個の教訓に整理し、それらを「課題」「他の人とのつながり」「修羅場」「その他」という4つに分類しました。ご参考までに、マッコールの「16の成長を促す経験」を挙げると、表のようになります。

ただしマッコールは、経験だけでは大きく成長することが難しく、経験と成長を結びつける何らかの触媒のようなものが必要だといっています。

課題

① **初期の仕事経験**
② **最初の管理経験**：初めて人を管理する
③ **ゼロからのスタート**：何もないところから何かを築き上げる
④ **立て直し**：破綻している事業を立て直す／安定させる
⑤ **プロジェクト／タスクフォース**：独立したプロジェクトと課題を単独であるいはチームで実施する
⑥ **視野の変化**：管理する人数、予算、職域が増える
⑦ **ラインからスタッフへの異動**：現場のラインから会社のスタッフ職への異動

他の人とのつながり

⑧ **ロールモデル**：良きにつけ悪しきにつけ並はずれた資質を持つ上司からの影響
⑨ **価値観**：個人や会社の価値を示す行動の「スナップショット」

修羅場

⑩ **事業の失敗とミス**：失敗したアイデアや取引
⑪ **降格／昇進を逃す／惨めな仕事**：切望した仕事に就けない、あるいは左遷
⑫ **部下の業績の問題**：パフォーマンスに重大な問題を抱える部下に直面する
⑬ **既定路線からの逸脱**：現在の仕事への不満に応じて、新しいキャリアに挑戦する
⑭ **個人的なトラウマ**：離婚、病気、死などの個人的な危機やトラウマ

その他

⑮ **コースワーク**：公式の研修プログラム
⑯ **個人的な問題**：仕事以外の経験

❷ 一皮むけた経験の調査

神戸大学の金井壽宏氏と組織行動研究所の古野庸一氏は、マッコールと同様の研究枠組みで、調査を実施しています。

日本の大企業19社の経営幹部20名と、日本を代表するリーディング・カンパニー10社における次世代リーダー候補者である中間管理職26名に対して、過去の仕事経験において、自分が一皮むけたと思う経験を3つ抽出してもらい、それぞれの経験で何を学んだかを尋ねるインタビュー調査をおこなったのです。「一皮むけた経験」とは、一回り大きな人間、より自分らしいキャリアを築くきっかけとなった経験をさします。

その結果から、次のような5つの結論を述べています。

第1は、リーダーシップの能力は、仕事経験から培われるということです。一皮むけた経験の中で、研修プログラムをあげた例は全体の3％でした。

第2は、ある特定の出来事から必ずある特定の学びが得られるというわけではないということです。

第3は、ミドルとトップの一皮むけた経験は似通っており、時代背景が違っても同じような経験が学習に役立っているということです。

第4は、一皮むけた経験が生じた時期は、入社から退職まで一様に分布しており、人はいくつになっても経験から学ぶことができるということです。

第5は、日本の中間管理職は「ラインからスタッフへの異動」から多くのことを学んでいるということです。

金井氏の著作「仕事で『一皮むける』」の中で、20名から語られた「一皮むけた経験」が8つに分類して紹介されています（次ページの表）。

やはりマッコールの「16の成長を促す経験」と同様の経験がみられます。ここに出てくる自分の成長につながった共通の経験とは、ぎりぎりの状態の中でたいへんな思いをした経験ではないかと思います。いわゆる「修羅場の体験」です。

リーダーシップを開発してリーダーを育成することには、いかにして「一皮むける経験」「修羅場の体験」を経験して、それをリーダーとしての成長につなげるかということが重要なポイントになるということです。

① 入社初期の配属
② 初めての管理職
③ プロジェクトチームへの参画
④ ラインからスタッフ部門・業務への配属
⑤ 新規事業・新市場開発などゼロからの立ち上げ
⑥ 悲惨な部門・業務の事態改善・再構築
⑦ 昇格・昇進による権限拡大
⑧ その他、上記以外の異動・配属など

❸コルブの経験学習理論

経験学習をテーマとした研究に必ず引用される理論がコルブの経験学習理論です。コルブは、学習を「経験の変換で知識を創造するサイクルをともなったプロセス」と定義しています。その中核は、「具体的な経験」、「内省的な観察」、「抽象的な概念化」、「積極的な実験」の４段階からなる学習サイクルです。

すなわち、個人は、

①具体的な経験をし（具体的な経験）、

②その内容を振り返って内省することで（内省的な観察）、

③そこから得られた教訓を抽象的な仮説や概念に落とし込み（抽象的な概

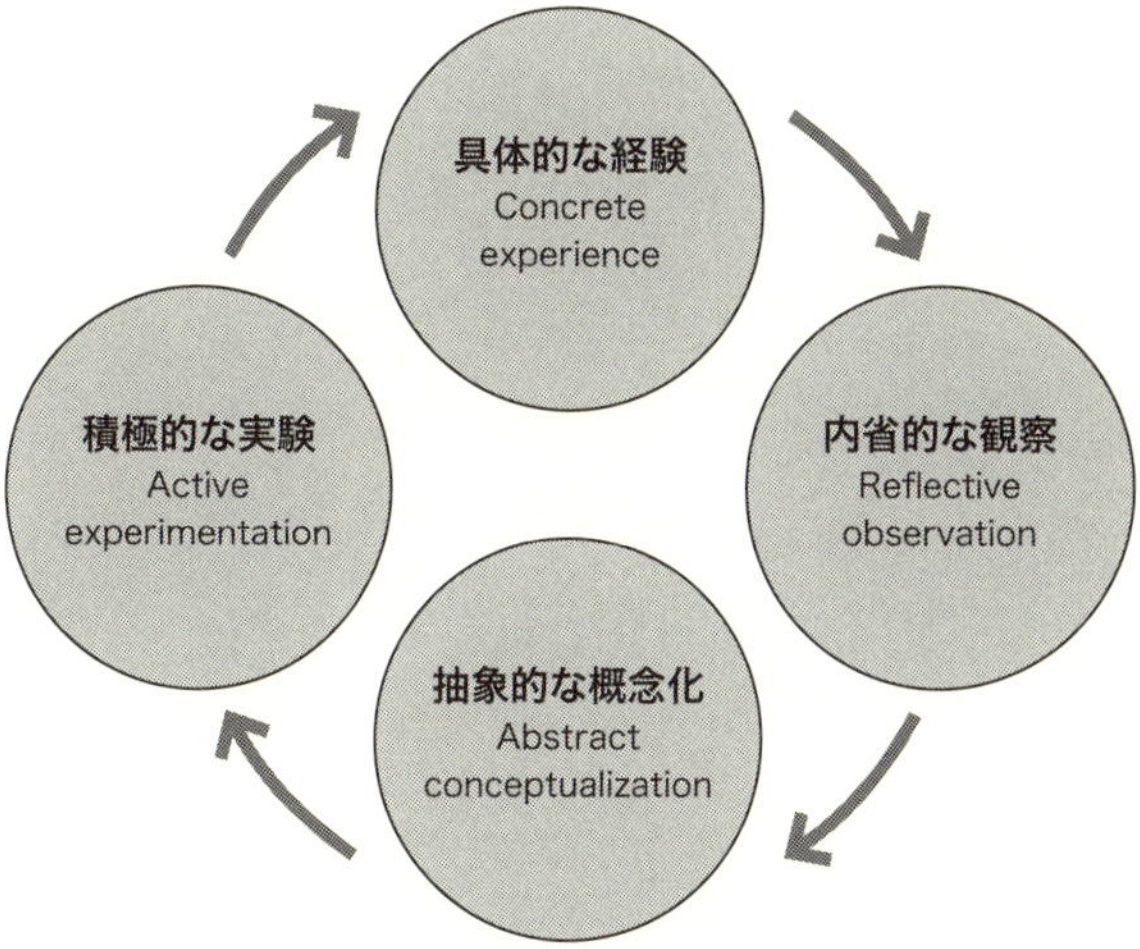

念化）、

④それを新たな状況に適応する（積極的な実験）

ことによって学習します。

ここで重要なことは、経験そのものより、経験を解釈して、そこからどのような法則や教訓を得るかということです。

コルブの経験学習モデルは、管理職の経験学習を説明する理論の中で最も影響力を持ち、幅広い分野に応用されています。

4 キャリアに関する理論

リーダーとして成長するためには、キャリアについての理解を深めることが必須です。

もちろんそれは、キャリア発達理論について詳しくなるということではなくて、自分自身のキャリアについて考えることです。

自分自身についての理解を深めたり、自分の仕事をこれからどうしようか、自分のこれからの人生をどうしようかということの思索を深めて、自分の仕事や人生に役立てる必要があります。そのためにキャリア理論を活用するのです。

若いときには、知識をたくさん吸収して、スキルを磨いて専門性を高める、さらには周辺領域の知識もいろいろと吸収する貪欲さが、必要になってきます。

しかし、30代後半になって自分の仕事の方向性が少しずつ見えてくると、自分らしく生きることを大切にすることも必要になります。

さらに、人生１００年時代と言われ、75歳定年もささやかれるこれからは、第二の人生、第三の人生も見越したキャリア形成が必要となるかもしれません。

たとえば、後ほど紹介する組織心理学者であるエドガー・シャインは、次の3つの質問で内省することが、自分のキャリアについて考える基盤になるといっています。これは20世紀の後半に提唱されたことですが、人生100年時代となりつつある今世紀においても（あるいは、だからいっそう）重要な問いとなってきているように思います。

①自分は何が得意なのか？（できること）
②自分は何をやりたいのか？（やりたいこと）
③何をやっているときに意味を感じ、社会に役立っていると実感できるのか？（やるべきこと）

この3つの質問は自分を知り、自己理解を深めるきっかけになります。
①は、自分の能力・才能・できることについて。
②は、動機・欲求・好きなことについて。

③は、価値観・信条・こだわりについての質問です。

普段そんなこと考えたこともなかったという人にとっては、自分が自分のことをどんなふうに見ているかということを知るきっかけにもなります。

自分のキャリアを考えるときも、振り返りが大切です。人生のＰＤＣＡを回すことが必要なのです。

自分が経験したことはどんな意味があり、それをこれからどう生かすか――これまでの歩みを振り返って、自分なりに意味づけしてみることです。それによって、将来が見えてくるということがあります。あの経験は一見何の意味もなかったように見えるが、そのために得ることのできた人間関係が10年後のいま大きく花開くことにつながっている、ということに気づいたりします。

キャリア理論もリーダーシップ理論と同様、いろいろありますが、ここでは、リーダーの成長の観点から、経験をいかに成長につなげるかという視点を大切にしている理論を中心に紹介します。

まずライフサイクルの理論を取り上げます。ライフサイクルの理論とは、人間は生涯かけて発達する存在であるということを前提として、個人の一生のそれぞれの発達段階には乗り越えるべき共通の課題があるということに着目した考え方をいいます。ここでは、エリクソンとレビンソンという2人の学者の考え方を紹介します。

次にライフサイクル理論をさらに発展させたキャリア理論として、スーパーとシャインとホールの理論を紹介します。

第3に、人生の節目に注目したトランジション理論を紹介します。トランジションとは、具体的には、「進学」「就職」「結婚」「転職」「死別」など、人生のターニングポイントとなる重要な出来事をさします。ここでは、ブリッジズを紹介し、神戸大学の金井教授の「キャリア・トランジション・モデル」でまとめます。

❶エリクソンの発達段階モデル

エリクソンは、20世紀半ばに「アイデンティティ」の概念を提唱した発達心理学者、精神分析家として有名です。アイデンティティとは、日本では「自我同一性」と訳されていますが、わかったようなわからないような、非常に複雑な概念です。その割に日本ではよく聞く言葉です。私なりに解釈すると、「これが自分だという自分のより

	発達段階	発達課題	
I	乳児期	「基本的信頼」対「基本的不信」	希望
II	幼児期初期	「自律性」対「恥、疑惑」	意志
III	幼児期	「自主性」対「罪悪感」	目的
IV	学童期	「勤勉性」対「劣等感」	有能感
V	青年期	「同一性」対「同一性混乱」	誠実
VI	成人初期	「親密」対「孤立」	愛
VII	成人期	「世代性」対「停滞」	世話
VIII	老年期	「統合」対「絶望、嫌悪」	英知

どころのようなもの」でしょうか。

エリクソンは、このアイデンティティの考え方をベースにして、人間の生涯を「乳児期」「幼児期初期」「幼児期」「学童期」「青年期」「成人初期」「成人期」「老年期」の8つの心理・社会的な発達の段階として示しました。私たちの人生は生から死まで連続していますが、その時期に対応した発達課題が存在し、それが段階を作り上げているとしたわけです（表参照）。

それぞれの段階では、一見すると正反対に見えるような2つの性向「同調的なものと非同調的なもの」が示されています。そしてこのバランスをうまくとることが「生き生きとした関わり合い」をもたらすとしています。

たとえば乳児期においては、基本的信頼が同調的で、基本的不信が非同調的です。もしこれらの感覚のバランスが崩れると不適応が生じますが、バランスが取れると人生に対する最も基本的で総括的な展望である希望の土台が作り上げられるとしているのです。

❷レビンソンの発達段階モデル

レビンソンは、ユングの流れを汲む生涯発達の理論を唱えた心理学者で、人の生涯には、季節のように一定の形があり、ある季節から次の季節への移行には過渡期が出現するとしました。個人の生活の基本パターン（生活構造）の考え方を基礎とした発達段階の理論といえます。

アメリカ人40人の偏ったサンプルではありますが、レビンソンが調査した結果、

「児童期と青年期（0～22歳）」

「成人前期（17～45歳）」

「中年期（40～65歳）」

「老年期（60歳以降）」

という4つの発達の段階があることが確認されました。これらの発達期をつなぐ過渡期は4年から5年かけて、それまでの生活の基本パターン（生活構造）を根本から見直し修正しなければならない時期で、ライフサイクルにおける重要な転換の時期になるといっています。

レビンソンが提示した発達段階論の特徴は、個人の人生経験を詳細に聞いて、課題や対処方法を取り上げ、さらに家族や仕事、社会との関わり、そして人生の意味合いをとらえている点にあります。成人期から中年期への移り変わりには過渡期が存在し、その過渡期への対処がのちの人生に大きく影響するということも指摘しました。

❸スーパーのキャリア理論

ここからは、ライフサイクル理論をさらに発展させたキャリア理論として、ともに、20世紀後半に活躍したスーパーとシャインを取り上げて紹介します。

まずスーパー。かれは、キャリアの発達は職業的な自己概念を発達させ実現していくプロセスだと考えて、職業的発達段階論を提唱しました。

成長 （0～14歳）	自分の興味関心、得意なもの、他人との違いを確認しながら、自分の能力を模索して、職業に対する興味関心が芽生えてくる。
探索 （15～24歳）	職業的な好みを実行に移し、段階的に特定の仕事への絞り込みが進められていく。さらにその仕事が自分にあっているかどうかを確認していく。
確立 （25～44歳）	特定の職業を選択して、その仕事に労力を傾け、仕事の地位を安定させて地固めをする。さらに地位・能力・専門性を高めて、昇進しようとする。
維持 （45～64歳）	20～40代までに確立してきた職業的な地位・役割・能力を維持する。最新の情報を吸収しながら、後進の指導も行い、退職や退職後のライフプランも考え始める。
解放 （65歳以上）	職業以外の役割を開発したり、常々やりたかったことを行う。仕事の義務や責任からも解放されていく。自分の人生の意味や価値を整理して受け入れる。

ここで重要なのは、自己概念という考え方です。自己概念とは、個人が自分自身をどのように感じ考えているか、自分の価値、興味、能力がいかなるものかということについて、個人の経験を統合して構築される概念です。この自己概念の確立のプロセスを職業的な発達のプロセスととらえているところがスーパーの理論の重要な点であり、興味深いところです。

続いて、個人がキャリアを歩むプロセスは学習のプロセスであるとしている点、職業的な発達の促進要因として早くから学習に注目している点が、非常に興味深いところです。

このような理論を背景に、スーパーは

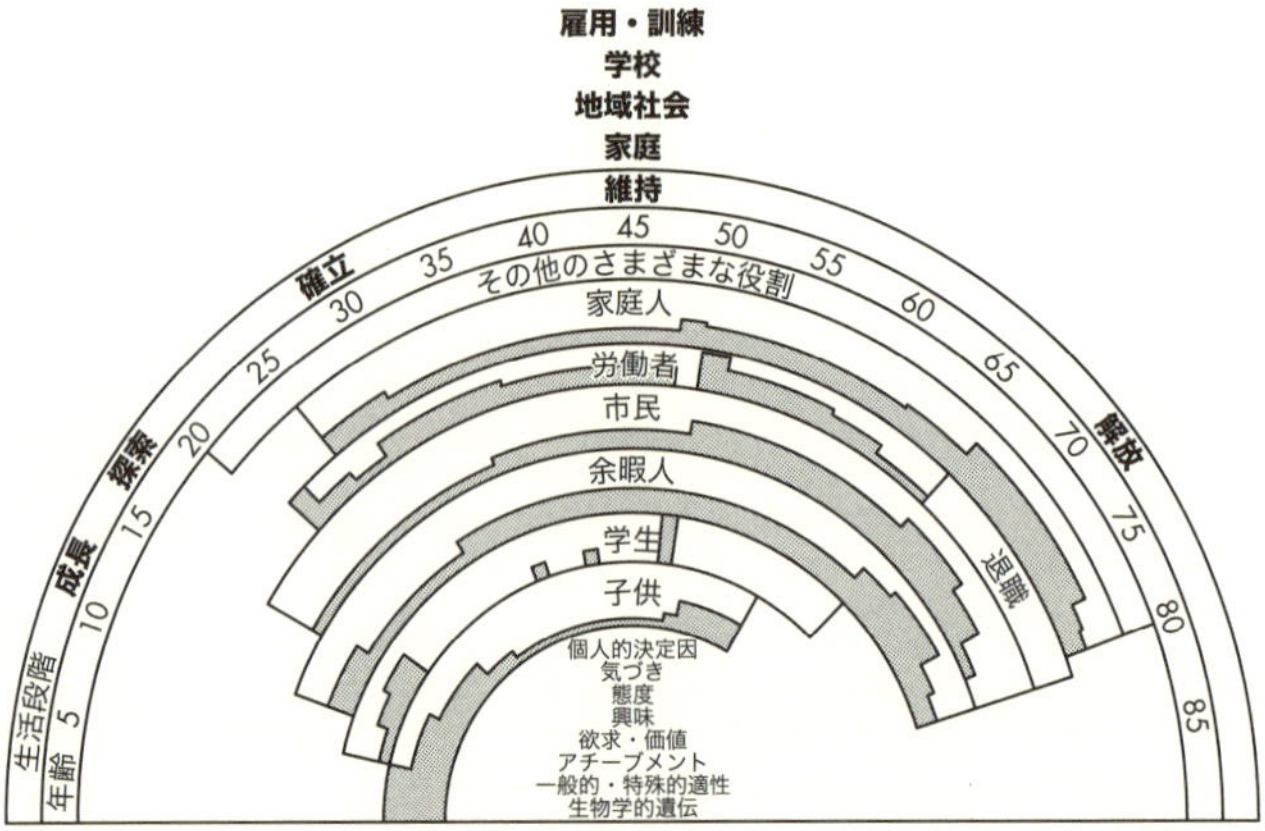

スーパーの「ライフ・キャリア・レインボー」

キャリアを役割と時間軸でとらえました。役割のほうは「ライフ・スペース」と呼ばれ、労働者、学生、余暇人、家庭人、市民、子供という6つの役割が示されています。もう一方が、時間軸で「ライフ・ステージ」と呼ばれ、スーパーのいう発達段階になります。

ライフ・スペースとライフ・ステージを組み合わせて描かれているのが、上の「ライフ・キャリア・レインボー」という図です。

スーパーの考え方は、個人と環境の相互作用における学習が自己概念の確立における重要なプロセスであり、学習が能力開発とキャリアの形成に大きな影響があるということを示しています。

またキャリアにおける自己概念の考え方、ライフ・スパン／ライフ・スペースのアプローチは、成長において自己理解に焦点を当てることの重要性を示してくれます。

❹シャインのキャリア理論

シャインは「組織心理学」という語の生みの親で、日本でも組織開発の専門家として知られています。基本的には、先ほど紹介した発達段階的なキャリアの考え方を持っており、その背景のキャリアに対するとらえ方や、そのプロセスに学習をしっかり取り入れている点で、大きな示唆を与えてくれます。

シャインの理論の特徴として、まずキャリアを「外見上のキャリア」と「内面的なキャリア」に分類している点があげられます。

「外見上のキャリア」とは組織の中でその人が経験してきた仕事の内容や業績や仕事の地位などで、職務経歴書や履歴書に表わされるものです。

「内面的なキャリア」とは、その人の経験の内側にあるもので、自分がたどってきた仕事の自分なりの意味づけや価値観を示します。

次にシャインは個人のキャリアデザインと組織の成長を両立させる考え方を3次元モデルで表した「キャリア・コーン」を提唱しています。

従来のキャリアの考え方では、昇進・昇格をしていく「階層」と専門知識・技能の「職能」の2次元で考えられており、現在でもその考え方は普及しています。シャインはそれに加え、「職業ないし組織の核に向かう動き」を表す「組織で重要なポジションを得ているかどうかという『中心性』の次元」を入れています。その中心性の獲得は学習によって得られるとしている点が興味深いところです。

またシャインは、「キャリア・アンカー」という概念も提唱しています。キャリア・アンカーの「アンカー」は、船の「錨（いかり）」のことで、長期的な仕事生活において職業や職種、勤務先などを選ぶ際の「判断基準」となるものです。職業人のキャリア選択の「基本的な指針」であり、キャリアを方向づけます。職業人にとって自分のキャリアを理解することがキャリアの選択を明確にして、生涯のキャリア発達を促す手助けとなるというのです。

先にキャリア発達理論のところで紹介した3つの質問（できること・やりたいこと・やるべきこと）は、自分らしいキャリアを選択するための基本的な視点で、キャリア・アンカーの理論がベースになっています。

キャリア・アンカーは、専門、経営管理、自立、安定、起業家的創造性、社会貢献、挑戦、全体性と調和の8つの種類に分けられます。20代のうちは自分のキャリア・アンカーがまだはっきりしないことがありますが、転機や節目においてキャリア・アンカーに直面せざるをえなくなるときがあります。

シャインのキャリア理論は、「外見上のキャリア・内面的なキャリア」や「キャリア・アンカー」や「キャリア・コーン」など個人がキャリアを考える上での多彩なツールを考案し、その成長を助けています。重要なことは、それぞれの発達段階に応じて学習すべき課題を設定し、能力形成を進めることです。シャインの理論は、能力形成とキャリアのデザインを統合する上で多くの示唆をもたらしてくれます。

❺トランジション論

トランジションとは、転機もしくは転換期を意味し、誰もが人生の中で迎える不安や葛藤を抱えやすい時期とされています。ここをどのように乗り切ってもらうか、というのが、20世紀末のころからの人材マネジメントの中の重要なテーマとなってきました。

これについてもさまざまな理論がありますが、ここではウィリアム・ブリッジズと金井教授の理論を紹介します。

①ブリッジズのトランジション理論

ブリッジズはトランジションを年齢にかかわらず発生するものと考え、そのプロセスを人生における発達過程として「何かが終わる時期」、「混乱や苦悩の時期（過渡期、ニュートラル・ゾーン）」、「新しい始まりの時期」の３つで構成されているとしています。トランジションを切り替えのスイッチではなく、プロセスととらえているのです。そしてその中でどんな心理的変容が起こり、それに対してどう備えるかという点を、定性的なデータをもとに明らかにしています。

誰にもトランジションがあります。誰もが変化し成長してゆくためには、トランジションを乗り越える必要があり、そのための力を身につける必要があるということを、ブリッジズは教えてくれます。

②金井教授の「キャリア・トランジション・モデル」

トランジション理論は、人々の人生における出来事を通過するプロセスに着目した理論です。この理論は、ライフサイクル理論における段階モデルのように、万人に当てはまるような発達モデルは存在しないという前提から出発しています。

唯一共通して見出されるのは、単純な「何かが終わる時期」、「混乱や苦悩の時期（過渡期、ニュートラル・ゾーン）」、「新しい始まりの時期」というサイクルの連続です。このプロセスの視点によって、キャリアを単に静的にとらえるのではなく、ダイナミックな動的なプロセスとして理解することが可能になります。

神戸大学の金井壽宏教授は、『働くひとのためのキャリア・デザイン』という著書の中で、前ページの図のような「もうひとつのキャリア・トランジション・モデル」を提示されています。

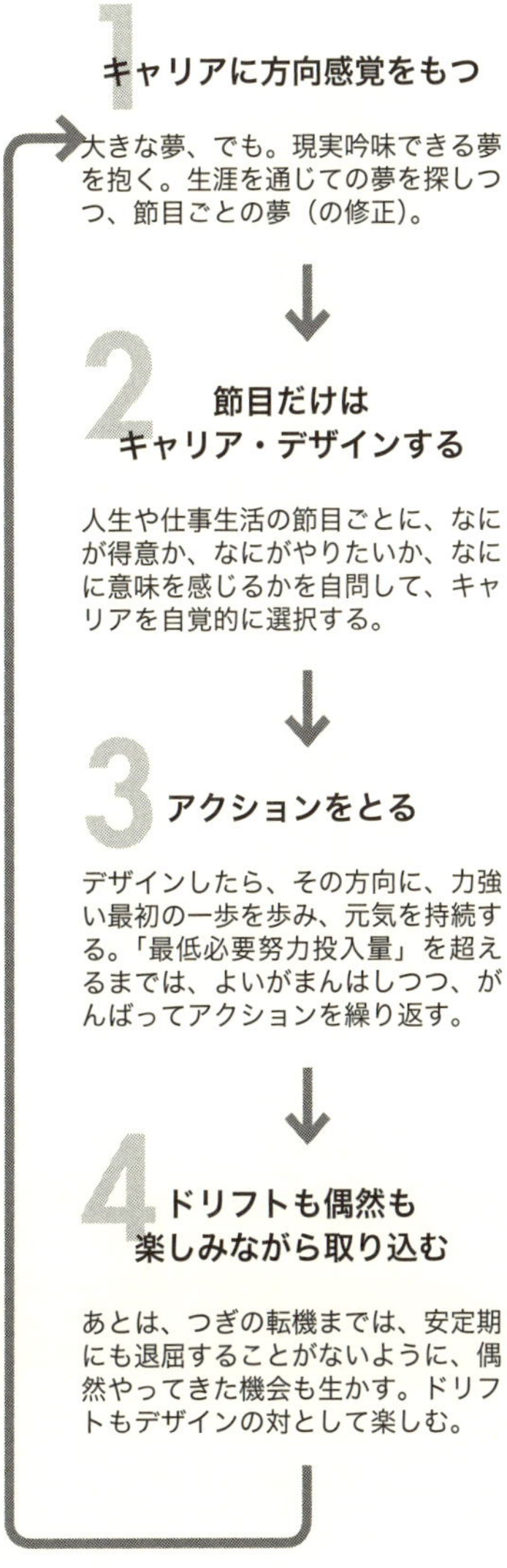
1 キャリアに方向感覚をもつ
大きな夢、でも。現実吟味できる夢を抱く。生涯を通じての夢を探しつつ、節目ごとの夢（の修正）。
2 節目だけはキャリア・デザインする
人生や仕事生活の節目ごとに、なにが得意か、なにがやりたいか、なにに意味を感じるかを自問して、キャリアを自覚的に選択する。
3 アクションをとる
デザインしたら、その方向に、力強い最初の一歩を歩み、元気を持続する。「最低必要努力投入量」を超えるまでは、よいがまんはしつつ、がんばってアクションを繰り返す。
4 ドリフトも偶然も楽しみながら取り込む
あとは、つぎの転機までは、安定期にも退屈することがないように、偶然やってきた機会も生かす。ドリフトもデザインの対として楽しむ。

5 リーダーに役立つ理論のまとめ

いろいろと紹介してきましたが、これらの理論は、ほんの一部にすぎません。最初に役立つのがよい理論だというクルト・レビンの言葉を紹介しましたが、この章で紹介した理論を「役立てる」とはどういうことか、私なりに整理してみたいと思います。

リーダーシップ理論のところで「リーダーとはつくられるものである」とか「リーダーシップ能力は学習できるものである」という話をしました。リーダーは育成することができるからこそ私たちにとってリーダーシップ理論は活用でき、意味があります。

リーダーシップ行動論は、リーダーの言動に着目します。リーダーとしての言動を身につけることでリーダーシップの効果性を引き出すことができるのだと考えることができます。

状況によって、求められるリーダーシップが違ってくることがあるというリーダーシップ条件適応理論の考え方もうなずけます。

たとえば新しい営業所を出して、スタッフも新人ばかりという状況の中で所長をやらなければならないとしたら、自分が前面に出て陣頭指揮をする必要があるでしょうが、ベテランのスタッフが多く、売り上げも安定している地域No.1の営業所に所長として赴任したなら、前面に出て陣頭指揮をとるとベテランスタッフがやる気を失うかもしれません。むしろ後方から支援するやり方のほうがやる気が上がるかもしれません。リーダーは状況によって最適なリーダーシップを考える必要があります。

また、リーダーシップの機能を「課題（仕事）の達成に直結した行動」と「人間関係に配慮する行動」の2つの機能で説明するリーダーシップ行動論の考え方も、仕事に活かすことができます。職場の問題を課題（仕事）の達成に直結した行動に関する問題点と人間関係に配慮する行動に関する問題点に分けて整理することができるからです。そうすることで問題点を構造化することができ、職場の強み・弱みもはっきりします。

コルブの経験学習理論で考えてみますと、コルブは、学習を「具体的な経験」、「内省的な観察」、「抽象的な概念化」、「積極的な実験」という4つの学習サイクルでとらえました。

経験したことを自分の成長に活かすために、4つの学習サイクルを仕事の中で習慣化すると、日々の仕事の中で実践できます。

キャリア理論のところで、人間の生涯を心理・社会的な発達の段階としていくつかの期に分けてとらえる考え方を紹介しました。またそれぞれの期には、解決しなければならない発達課題が存在するということも紹介しました。

20代のころあれこれ考えていたことは、キャリアの考え方を勉強することで整理できるものがあります。私はもっと早く知るべきだったと思うことがよくあります。社会人・企業人として働くようになって、自分のキャリアを客観的に見つめることができると、将来の自分のありたい姿も明確になってくるのだろうと思うのです。

またトランジションという転換期・節目の考え方も参考になります。経験的にも50歳を自分なりに意味づけして、40代後半にはこんなことをやりたい、そして50歳を節目にしてこんなふうに転換を図っていこうということをよく考えました。さきほど紹介した金井教授の「キャリア・トランジション・モデル」がわかりやすく活用できると思います。

いくつか紹介しましたが、このように理論は私たちの人生や仕事に活かすことができますし、リーダーとしての成長に活用できる有効な理論があるのです。

参考文献

QC手法管理関連
『図解　基礎からわかる　QC七つ道具』市川享司著　ナツメ社
『図解入門ビジネスQC七つ道具がよ〜くわかる本』今里健一郎著　秀和システム
『図解入門ビジネス新QC七つ道具の使い方がよ〜くわかる本』今里健一郎著　秀和システム
『失敗しない改善の手順と手法　QCストーリーとQC七つ道具』内田治・吉富公彦著　日本能率マネジメント協会センター

組織開発関連
『組織開発ハンドブック』ピープルフォーカスコンサルティング著　東洋経済新報社

ドラッカー関連
『プロフェッショナルの条件』P・F・ドラッカー著　ダイヤモンド社
『チェンジ・リーダーの条件』P・F・ドラッカー著　ダイヤモンド社
『イノベーターの条件』P・F・ドラッカー著　ダイヤモンド社
『現代の経営』P・F・ドラッカー著　ダイヤモンド社
『エッセンシャル版マネジメント』P・F・ドラッカー著　ダイヤモンド社

キャリア関連
『キャリアの心理学』渡辺三枝子著　ナカニシヤ出版
『働くひとのためのキャリア・デザイン』金井壽宏著　PHP研究所
『トランジション』ウィリアム・ブリッジズ著　パンローリング
『仕事で「一皮むける」』金井壽宏著　光文社

リーダーシップ関連

『リーダーシップ入門』金井壽宏著　日本経済新聞社
『ハイ・フライヤー』モーガン・マッコール著　プレジデント社
『リーダーシップ開発ハンドブック』C・D・マッコーレイ、R・S・モクスレイ、E・V・ヴェルサ著　白桃書房
『EQリーダーシップ』ダニエル・ゴールマン、リチャード・ボヤツィス、アニー・マッキー著　日本経済新聞社
『最強の「リーダーシップ理論」集中講義』小野善生著　日本実業出版社
『リーダーシップ論』ジョン・P・コッター著　ダイヤモンド社

動機付け関連

『モチベーション入門』田尾雅夫著　日本経済新聞出版社
『図解 きほんからわかる「モチベーション理論」』池田光、栗原晴生、滝本泰士、永屋義行著　イースト・プレス
『危機の時代の「やる気」学』金井壽宏著　SBクリエイティブ

人材育成関連

『企業内人材育成入門』中原淳、荒木淳子著　ダイヤモンド社
『新しい時代の人材開発論』国部茂著　京都総合研究所
『私の人材開発論』増田大成著　プレジデント社
『人が育つ会社をつくる』高橋俊介著　日本経済新聞出版社
『人材マネジメント論』高橋俊介著　東洋経済新報社
『部下育成の教科書』山田直人、木越智彰著　ダイヤモンド社
『人事管理入門』今野浩一郎著　日本経済新聞出版社
『人材育成の進め方』桐村晋次著　日本経済新聞社
『300人の達人研究からわかった上達の原則』北村勝朗著　CCCメディアハウス
『トヨタの育て方』(株) OJTソリューションズ著　KADOKAWA

経験学習関連

『「経験学習」入門』松尾睦著　ダイヤモンド社
『経験からの学習』松尾睦著　同文舘出版

習慣づくり関連

『人生を変える習慣のつくり方』グレッチェン・ルービン著　文響社
『「習慣化」ワークブック』古川武士著　ディスカヴァー・トゥエンティワン

方針管理・目標管理・TQM関連

『目標管理の本質』五十嵐英憲著　ダイヤモンド社
『成果を出す管理者のための目標管理の進め方』JMAM目標管理プロジェクト著　日本能率協会マネジメントセンター
『TQM時代の戦略的方針管理』永田洋、内田章著　日科技連出版社

アセスメント関連

『人材の発見と選抜』マネジメントサービスセンター編　ダイヤモンド社

自己啓発関連

『7つの習慣』スティーブン・R・コヴィー著　キングベアー出版
『人を動かす』D・カーネギー著　創元社

経営関連

『リーダーになる人に知っておいてほしいこと』松下幸之助著　PHP研究所
『道をひらく』松下幸之助著　PHP研究所
『小倉昌男　経営学』小倉昌男著　日経BP社
『生き方』稲盛和夫著　サンマーク出版

『なぜ、我々はマネジメントの道を歩むのか』田坂広志著　ＰＨＰ研究所

人間力関連

『企業が求める人間力』社会経済生産性本部編　生産性出版

『企業が求める人間力Ⅱ』社会経済生産性本部編　生産性出版

管理職になったら読む本

発行日　2018年　10月20日　第1刷
　　　　2021年　4月15日　第2刷

Author　吉原俊一

Book Designer　渡邊民人＋清水真理子（TYPEFACE）

Publication　株式会社ディスカヴァー・トゥエンティワン
〒102-0093　東京都千代田区平河町2-16-1 平河町森タワー11F
TEL　03-3237-8321（代表）　FAX　03-3237-8323
http://www.d21.co.jp

Publisher　谷口奈緒美
Editor　藤田浩芳

Store Sales Company
梅本翔太　飯田智樹　古矢薫　佐藤昌幸　青木翔平　小木曽礼丈　小山怜那　川本寛子
佐竹祐哉　佐藤淳基　竹内大貴　直林実咲　野村美空　廣内悠理　高原未来子　井澤徳子
藤井かおり　藤井多穂子　町田加奈子

Online Sales Company
三輪真也　榊原僚　磯部隆　伊東佑真　川島理　高橋雛乃　滝口景太郎　宮田有利子
石橋佐知子

Product Company
大山聡子　大竹朝子　岡本典子　小関勝則　千葉正幸　原典宏　藤田浩芳　王廳
小田木もも　倉田華　佐々木玲奈　佐藤サラ圭　志摩麻衣　杉田彰子　辰巳佳衣　谷中卓
橋本莉奈　牧野類　三谷祐一　元木優子　安永姫菜　山中麻吏　渡辺基志　小石亜季
伊藤香　葛目美枝子　鈴木洋子　畑野衣見

Business Solution Company
蛯原昇　安永智洋　志摩晃司　早水真吾　野﨑竜海　野中保奈美　野村美紀　林秀樹
三角真穂　南健一　村尾純司

Ebook Company
松原史与志　中島俊平　越野志絵良　斎藤悠人　庄司知世　西川なつか　小田孝文
中澤泰宏　俵敬子

Corporate Design Group
大星多聞　堀部直人　村松伸哉　岡村浩明　井筒浩　井上竜之介　奥田千晶　田中亜紀
福永友紀　山田諭志　池田望　石光まゆ子　齋藤朋子　福田章平　丸山香織　宮崎陽子
青木涼馬　岩城萌花　内堀瑞穂　大竹美和　越智佳奈子　北村明友　副島杏南　巽菜香
田中真悠　田山礼真　津野主揮　永尾祐人　中西花　西方裕人　羽地夕夏　平池輝　星明里
松川実夏　松ノ下直輝　八木眸

Proofreader　文字工房燦光
DTP　有限会社マーリンクレイン
Printing　中央精版印刷株式会社

本書へのご意見ご感想は下記からご送信いただけます。
http://www.d21.co.jp/contact/personal

ISBN978-4-7993-2362-5